河出書房版『世界文学全集』『日本文学全集』書影に見る歩み

［1948〜53年］
左より、『世界文豪名作全集』（p.11）『世界文学豪華選』（p.10）『〈第一次〉世界文学全集』特製版（p.7）。（p.7以下参照）

［1953年］
『〈決定版〉世界文学全集』第一回配本、帯に「第一期二十四巻」の記載がある。（p.18参照）

［1956年］
天金の〈豪華特製版〉、『〈決定版〉世界文学全集』の第一期のみが刊行された。（p.20参照）

［1956年、62年］
左『〈決定版〉世界文学全集』とその改装版の右〈特製豪華版〉、巻序が異なっている。（p.21〜23参照）

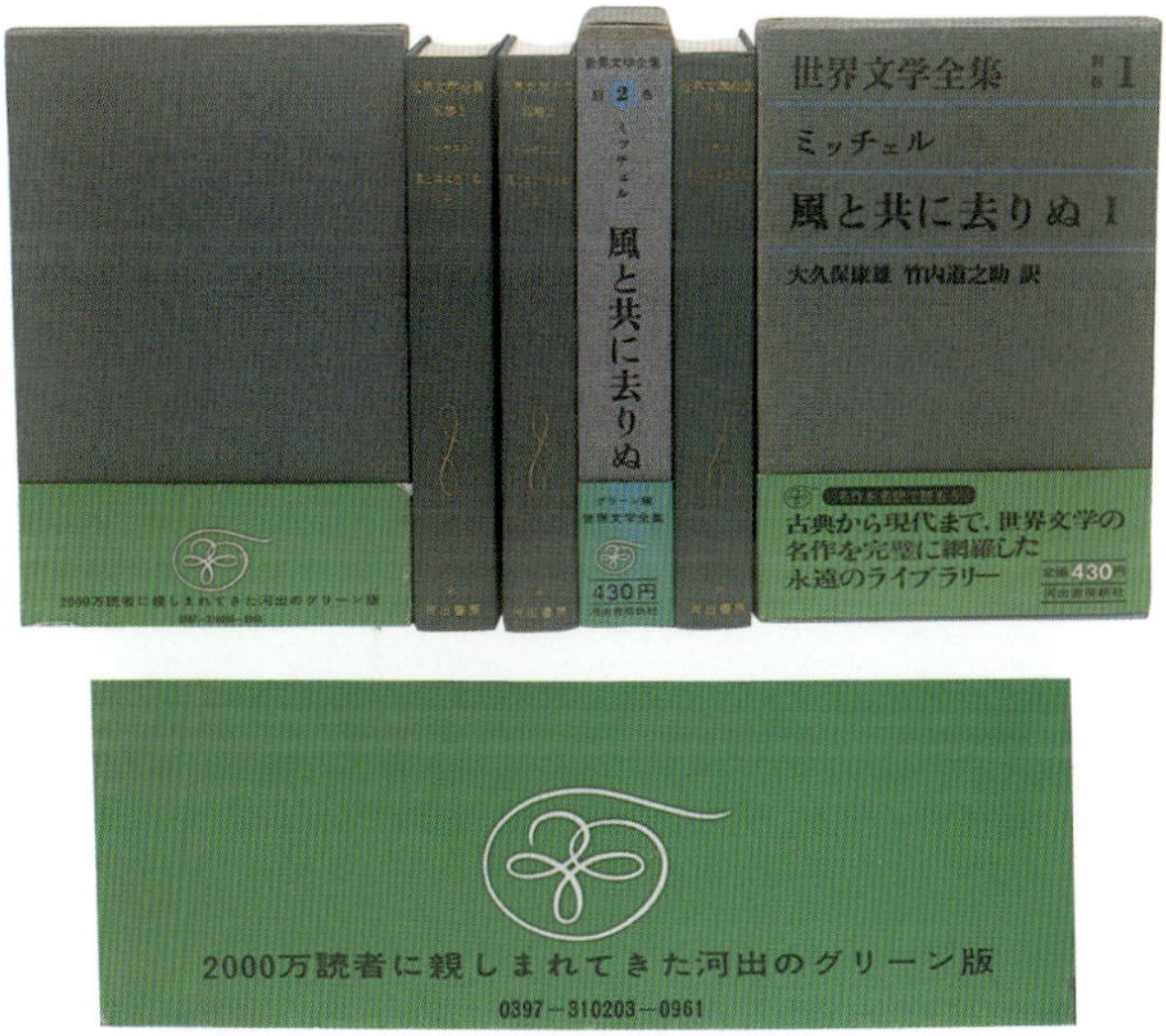

［1970年］
「2000万読者に親しまれてきた」と言われた当時の
『〈グリーン版〉世界文学全集』とその帯。（p.25参照）

［1960年］
『〈グリーン版〉世界文学全集』の白版別巻の『風と共に去り
ぬ』の初版、上の写真と完全に色違いの装丁。（p.34参照）

［1960年］
『風と共に去りぬ』初版時の白版別巻と一般に普及した『〈グリーン版〉世界文学全集』表紙。(p.34参照)

［1960年］
『〈グリーン版〉世界文学全集』の白版別巻、いずれも初版。後に緑色地の物に統一される。(p.37参照)

［1964年、66年］
『〈豪華版〉 世界文学全集』（p.50） とそれを改装した『〈豪華愛蔵版〉 世界文学全集』（p.57）、元版との統一性と差異性のバランスがよい。（p.57参照）

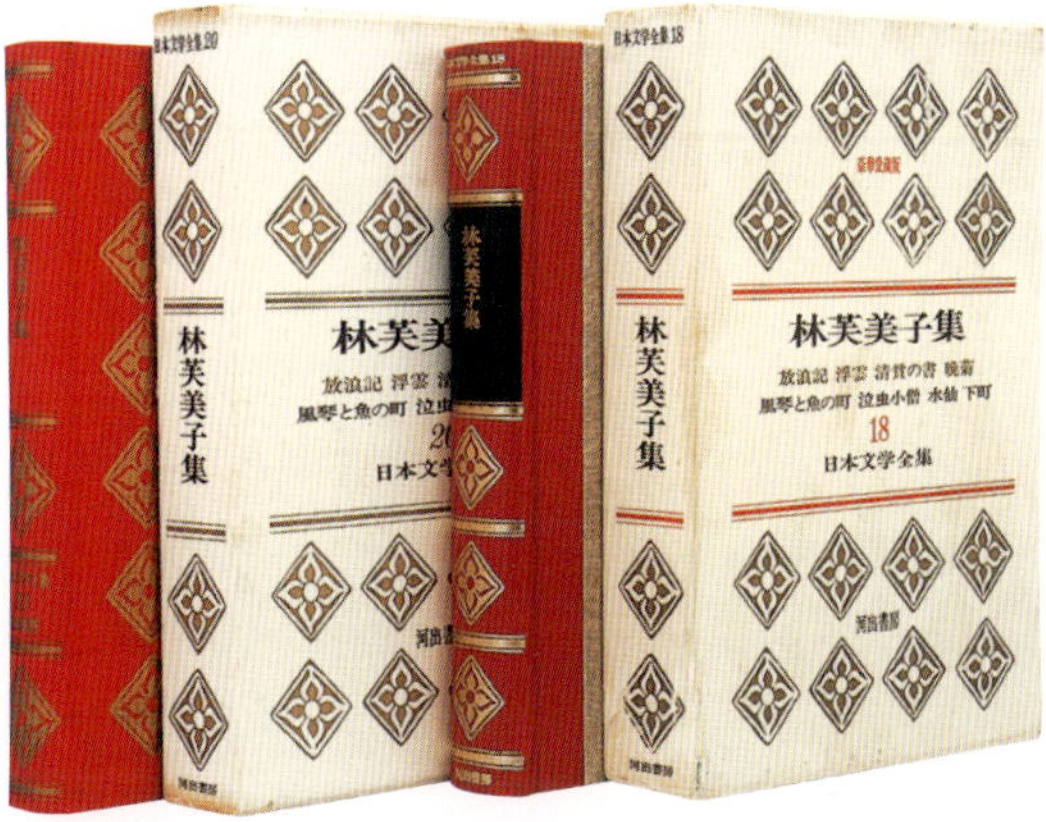

［1965年、67年］
〈豪華版〉（p.54）〈豪華愛蔵版〉（p.58） の『日本文学全集』、一部改編のため通巻番号が異なる。（p.58参照）

［1966年］
『〈カラー版〉世界文学全集』（p.58）の『戦争と平和』、米伊映画とソビエト映画をそれぞれ帯に使用。（p.60参照）

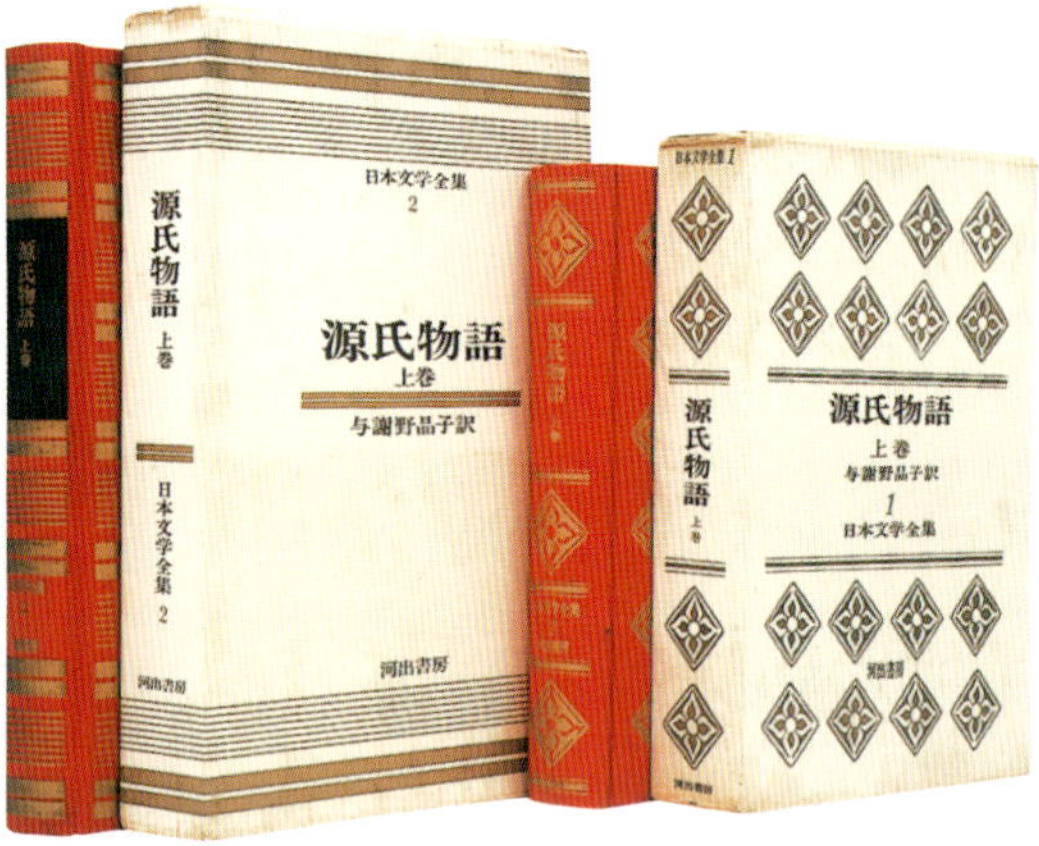

［1965年、67年］
〈豪華版〉〈カラー版〉の『日本文学全集』、共に『源氏物語』が第一回配本。（p.64参照）

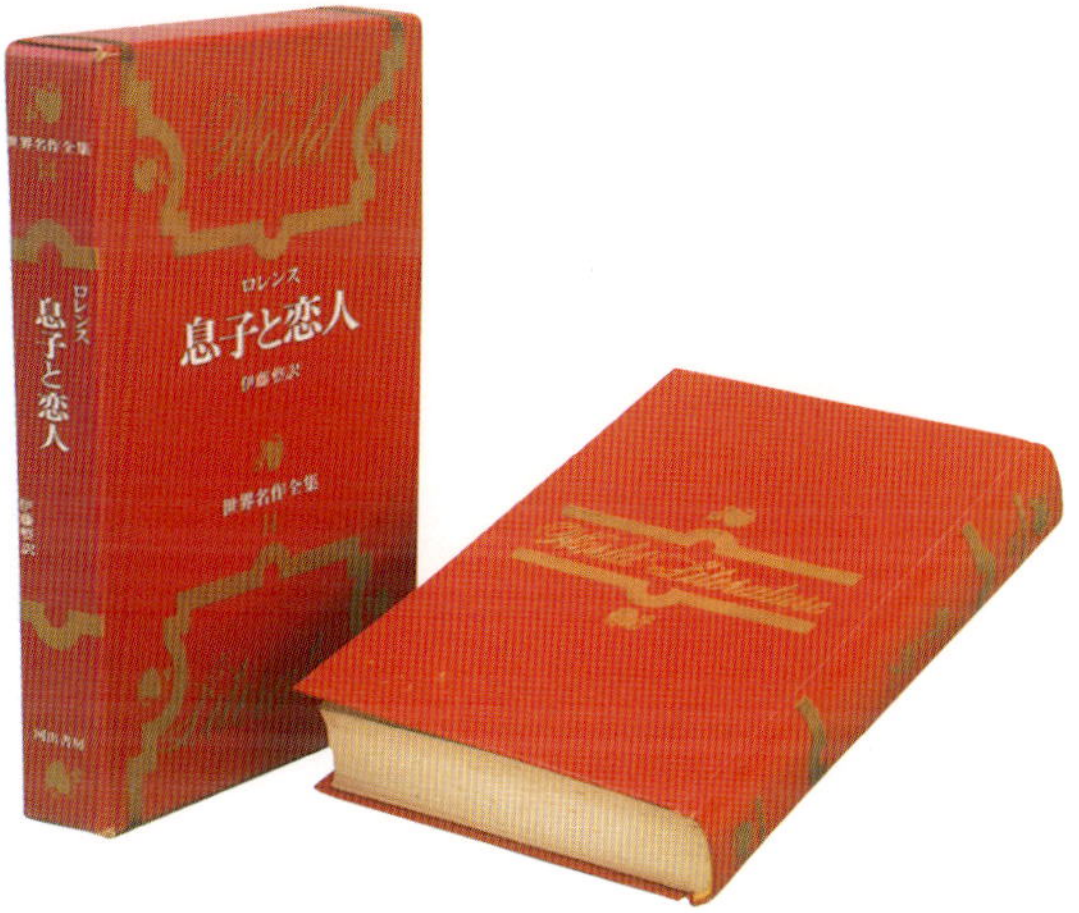

［1967年］
『〈カレッジ版〉 世界名作全集』、1967年に完結。（p.74以下参照）

［1967年］
左・函入りの『〈キャンパス版〉 世界の文学』（p.84）
右・カバー装の『〈ポケット版〉 世界の文学』（p.77）。
（p.77以下参照）

［1980年］
〈グリーン版〉を再生させた『河出世界文学大系』（p.106参照）

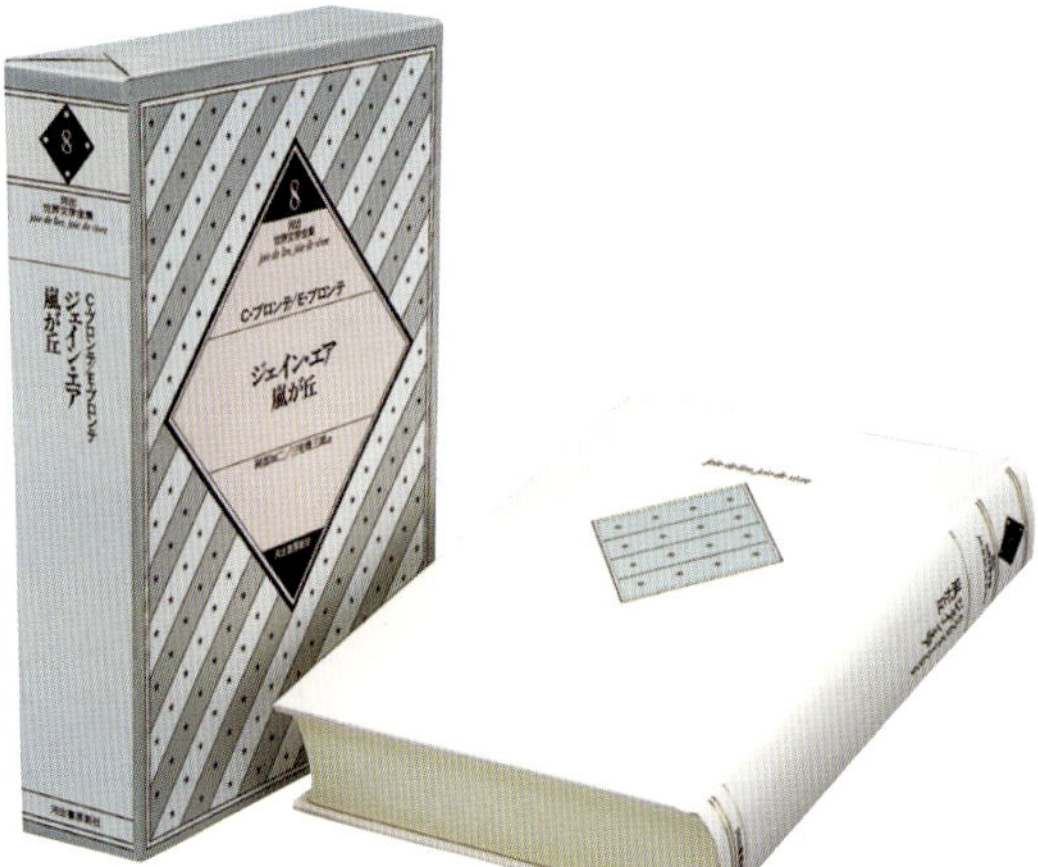

［1989年］
〈カラー版〉を改編した『〈ステラ版〉世界文学全集』（p.111参照）

文学全集の黄金時代

河出書房の1960年代

田坂憲二

IZUMI BOOKS
15

和泉書院

目次

序章

かつて、「文学全集」という名前の叢書が数多く出版されていた時期があった。もっとも一般的な名称で言えば『世界文学全集』や『日本文学全集』のたぐいである。これらの全集の全盛期は、二十世紀の半ば頃から約四半世紀であった。その四半世紀を、文学全集の時代、と呼びたいと思う。

その文学全集の時代として、あえて明解な区切りを設けるとすれば、一九五三年に始まり、一九七八年に終わるとするのが妥当ではなかろうか。五三年とは言うまでもなく戦後の文学全集の流れを決定的にした筑摩書房の『現代日本文学全集』の刊行開始の年であり、七八年とはその筑摩書房の倒産の年である。もちろん『現代日本文学全集』の先駆として、前年の角川書店『昭和文学全集』の存在は大きく(1)、世界文学に目を転じれば、本書で具体的に見るように、一九四八年からの河出書房の『世界文学全集』が領導した功績は見逃せない。また七八年以降も、文学全集は数は少ないながらも刊行されている。五三年以前を黎明期、七八年以降は薄暮期とでも呼べばよかろうか。その黎明期を経て、五〇年代に入って文学全集は一挙に花開くのである。

この文学全集の四半世紀のちょうど真ん中にあたるのが、一九六〇年代である。これは、文学全集の時代が頂点に達した時期でもあり、この六〇年代を、文学全集の黄金時代、とさらに区別をして名付けたいと思う。

この文学全集の黄金時代に、『世界文学全集』の分野で最もめざましい動きをしたのは河出書房である。河出書房は、この六〇年代に、全一〇〇冊の規模の大きい全集を一つ、五〇冊・五二冊の中規模の全集を二つ、二五冊前後の小規模の名作集を三つと、合計六種類もの『世界文学全集』や『世界名作全集』を刊行しているのである。さらに、五〇年代に完結していた全八〇冊の全集の異装版の刊行など、いくつかの異装版もこの時期に出版している。世界文学の全集に関わった出版社は数多いが、六〇年代の河出書房ほど、集中的に多くの種類の全集を刊行したところは他にはない。河出書房の『世界文学全集』は、紛れもなくこの文学全集の黄金時代の担い手であった。

刊行点数や種類の多さだけではない。出版ニュース社のまとめた戦後のベストセラーを見てみよう。(2)戦後いち早く外国文学の作品がそこに顔を出している。板垣書店のレマルク『凱旋門』(四六年〜四八年)、河出書房のドストエーフスキイ『罪と罰』(四八年)、三笠書房のミッチェル『風と共に去りぬ』(四八、四九年)、改造社のメイラー『裸者と死者』(五〇年)などである。それが五〇年代にはいると、新潮社の『現代世界文学全集』から『ジャン・クリストフ』が五二・五三年と連続一〇位に入り、六三年には中央公論社の『世界の文学』から『罪と罰』が第五位に入る。ベストテンに入る最後の『世界文学全集』が、河出書房のそれであり、六四年に『〈豪華版〉世界文学全集』の当初の五回の配本の合計が年間第四位の売り上げとなり、六六年には『〈カラー版〉世界文学全集』第一回配本の『戦争と平和』が単独で七位に入っている。このように、河出書房の『世界文学全集』は外国文学の普及に大いに功績があったのである。

もちろん行き過ぎもあった。次々と新しい企画を連発する河出書房の拡大策はやがて行き詰まり、一九六八年には、出版界では「河出事件」と称される、倒産騒動を引き起こしている。(3) 事業展開・事業拡大にあまりに急であったためであるが、そういったリスクを抱えながら多くの種類の『世界文学全集』を出し続けたからこそ、六〇年代の読者は、河出書房の全集類の中から、気に入ったシリーズや作品を選ぶことができたのであった。

本書は、この文学全集の黄金時代を、河出書房の『世界文学全集』を通して振り返るものである。序章と終章を除いて、全体を五章に分かつ。まず、第一章で、戦後すぐから、五〇年代末期までの、河出書房の各種の『世界文学全集』類を鳥瞰する。六〇年代の河出書房の文学全集の特色は、この五〇年代にほぼ出揃っているとみることができる。次いで、第二章で、河出書房のみならず、戦後の『世界文学全集』で最も広く普及した〈グリーン版〉を取り上げる。二〇〇〇万人の読者を得たと言われる〈グリーン版〉がいつ誕生したのかを究明する。第三章では、〈グリーン版〉と共に六〇年代の河出書房の顔であった〈豪華版〉〈カラー版〉について考える。この二つは高度成長期の六〇年代を象徴するものでもある。第四章では、一九六八年の倒産騒動、いわゆる河出事件を文学全集の側から分析してみる。小型版の各種の名作全集の類の鼎立から、河出事件の予兆を読みとってみたい。最後の第五章では、再建以後の『世界文学全集』の動きについてみてみる。文学全集の薄暮期に、河出書房ははたしてどのような動きをしているであろうか。以上五章の参考のために、河出書房の『世界文学全集』を中心にした略年表を作成して、巻末に付載している。

社名は、河出書房、河出書房新社（一九五七年の第一回倒産以降）の時期を通して河出書房で統一した。書名、全集名は『罪と罰』『世界文学全集』のように二重鍵で囲み、河出書房自身が名付けた全集の愛称については〈決定版〉〈グリーン版〉のように、山形括弧で囲んだ。全集によって、『魅せられた魂』『魅せられたる魂』や『若きヴェルテルの悩み』『若いウェルテルの悩み』など作品名の表記に相違がある。これらは、各章各節で論じている当該全集の表記に従った。表記も含めてその時代を表していると考えたからである。

猶、考察の過程で外函や帯の記載、挿入されたチラシ、さらには内容見本などを積極的に引用した。これらは発行当時の事実関係を知る上で不可欠なものでありながら、散逸しがちな資料である。図書館などで保存されることは不可能で、個人の資料として保存されているものが唯一の手がかりである。それらも、六〇年代から半世紀近い今日では次第に消滅していっている。年月が経過すればするほど、これらの資料は少なくなるであろう。また、チラシや帯や内容見本などの資料に語らせることによって、当時の空気に触れることができるのではないかと考える。本書で試みたのは、黄金時代の文学全集と、それらの存在を可能にした時代の空気を再現することである。

第一章　一九五〇年代の『世界文学全集』

はじめに

河出書房が『新世界文学全集』という名前の叢書の刊行を始めたのは一九四〇年のことである。太平洋戦争の開戦は一年後のことであるが、すでに日中戦争は泥沼化の状況にあった。一方、前年一九三九年には、欧州において世界戦争の火蓋が切られており、四〇年には日独伊三国軍事同盟を締結し、戻ることのできない世界戦争への階梯をまた一つ上った年でもある。こうした状況下にあって『新世界』という名前には、歴史の皮肉のようなものを感じるが、この『新世界文学全集』こそが、戦前日本において刊行された、最後の世界文学の全集であった。[1] このような時期に、こうした年に、河出書房は敢えて、世界文学の全集の刊行を開始したのである。並製の普及版（一円八〇銭）と、函入り上製の特製版（二円三〇銭）からなる、この小さな叢書は、世界の大部分の国から乖離し、孤立化を歩む日本において、せめて世界につながる文化の窓を開け放そうとしたものであった。河出書房のこうした姿勢は、戦争をくぐり抜けて、戦後の日本において多くの花を開かせることになる。

一　『〈第一次〉世界文学全集』と『豪華選』『学生版』

戦後いち早く、世界文学全集類の復活への道を開いたのは、やはり河出書房であった。終戦からちょうど三年目に当たる一九四八年八月から、『世界文学全集』（第一期、十九世紀篇）のシリーズの刊行を開始している。『新世界文学全集』は一九四三年に完結しているから、そこから数えると五年目のこと、未曾有の世界戦争を挟んで、世界文学への灯火を守り続けたと言えようか。

この叢書は四六判二段組で、上製本函入りの特製版（三〇〇円）と、函無しの普及版（二〇〇円、二二〇円）がある。外函や奥付には、単に「世界文学全集」と記されるだけであるが、背表紙には朱文字で「世界文学全集（十九世紀篇）」と刻され、月報としおりにはともに「第一期」「十九世紀篇」と記されている。当初から第二期以降の予定があったことが分かる。第一期は全四〇冊が刊行され、このあと、第二期として「古典篇」が、第三期として「十九世紀続篇」が続いた。最終的には総計八八冊の大シリーズとなる予定であった。残念ながら、一部に未刊行に終わった巻がある。

後述する〈決定版〉〈グリーン版〉〈豪華版〉〈カラー版〉等々と異なって、このシリーズ全体を包含するような愛称は存在しない。そこで、他の全集との弁別のために、『〈第一次〉世界文学全集』と私に名付けてみた。戦後、一九四〇年代から、黄金の六〇年代、そして八〇年代まで陸続と続いた、河出書房の世界文学の全集の基礎となったという意味も籠めて〈第一次〉と命名してみたのである。

　この〈第一次〉の全集は何故未刊行の巻があるのだろうか。全三期をまとめれば一九四八年から五六年まで十年近くにも及んだ長期間の刊行であることが、完結しなかった一つの理由でもあるが、より大きな要素は、河出書房自体が一九五三年の十二月から『〈決定版〉世界文学全集』（後述）の配本を開始し、こちらは装丁・紙質・造本のすべてで上回っている大型の全集であったから、それに飲み込まれてしまったようである。

　それでも〈決定版〉の刊行開始後も、『〈第一次〉世界文学全集』はすぐにうち切られたわけではない。一九五四、五五、五六年の三年間は、〈決定版〉と並行して、『〈第一次〉世界文学全集』も、「第二期・古典篇」と「第三期・十九世紀続篇」の未配本分のうち合計八冊を刊行している。五三年末から五六年にかけての数年間は、四六判の『〈第一次〉世界文学全集』と菊判の『〈決定版〉世界文学全集』が雁行して配本されていたのである。このことは、今日の書誌情報としては注意を要することである。〈第一次〉というのは筆者が私に名付けたものであるが、〈決定版〉という愛称の方も一部には使用されていても、書誌の正式名称では省略されることが多く、二つの全集は混同されやすい。

　たとえば、ＮＩＩ（国立情報学研究所）総合目録データベースシステムであるＮＡＣＳＩＣ　ＷＥＢＣＡＴでは、次のように記している。[2]

世界文學全集〈セカイ ブンガク ゼンシュウ〉。―（BN02802326）
東京：河出書房、一九四九―一九五四
注記：第一期　十九世紀篇、第二期　古典篇、第三期　十九世紀続篇
サイズ違いの版含む：二二センチおよび一九センチ（[並製]版および特製版）

一九五四年で完結や、（[並製]版および特製版）という注記は正しいが、「二二センチおよび一九センチ」とは菊判の〈決定版〉と四六判の〈第一次〉とが混同されてしまったものである。二二センチが[並製]版で一九センチが特製版でもないし、その逆でもない。また、細目を見てみると、実際に別個の二つの全集から、同一書目が重複して出ている。一例を示しておこう。

赤と黒、パルムの僧院／スタンダール［著］；桑原武夫、生島遼一訳。
―河出書房、一九五四―（世界文學全集；第一期三）
赤と黒／スタンダール［著］；桑原武夫、生島遼一訳。
―河出書房、一九四九―（世界文學全集；十九世紀篇［第四］）

前者は〈決定版〉の「第一期」第三巻として一九五四年に刊行されたもの、後者は〈第一次〉の「十九世紀篇」第四巻として四九年に刊行されたもので、異なる二つの本が、一つの叢書名の下に並ぶ結果となっている。これは、かつて述べた『川端康成全集』の場合と同じく(3)、二つの全集が誤って一つに纏められてしまったパターンである。

国立国会図書館のNDL―OPACでは、〈第一次〉の場合は「第一期」「第二期」、〈決定版〉の時は「〈第一期〉」「〈第二期〉」などと、山形括弧の有無によって書き分けているが、個別の凡例があるわけではないから多少分かりづらい。〈第一次〉という名称は私に名付けたものであるが、〈決定版〉の方は、後述するように河出書房自身が最初から使用していた愛称でもあるから、書誌の参考情報に必ずこの名称を付記するようにした方がよいのではなかろうか。河出書房は多くの愛称を用いているが、本章第四節で見る〈豪華特製版〉と〈特製豪華版〉のように、異なった造本やシリーズでは厳密に使い分けているのであるから、書誌情報に採用しても問題はないと思われる。

さて、一九五一年から五二年にかけて、『〈第一次〉世界文学全集』から一部の巻冊を抜き出して、装丁を改め別シリーズとした異名異装版が二つあるので、簡単に触れておこう。

一つは『世界文学豪華選』と名付けられたもので、四六判上製函入であり、表紙・函などの装丁を元版よりもやや豪華なものに改め、口絵を差し替え、元シリーズにはなかった挿絵を入れた点に特色がある。背表紙と奥付には「世界文学豪華選」の名前があるが、外函には「バルザック　従妹ベット」などと作品名が記されるのみである。五一、二年当時で四五〇円とか五〇〇円という高めの価格設定であったから、販売には苦慮したかもしれない。全一〇冊が刊行されている。

前者とは逆に、普及版として装丁を改めたものが、『学生版　世界文学全集』である。定価一八〇円と『豪華選』の半額以下の価格で、元版の「十九世紀篇」の普及版の刊行時よりも安い値段設定である。この時点で並製の四六判の文学書で一八〇円というのは、思い切った低価格である。当時の帯には「創業七〇周年記念出版」と記されていた。良書の普及を意図した「学生版」という名称の付け方も巧みである。全一八冊が刊行された。

元版の『〈第一次〉世界文学全集』でいえば、第一期の「十九世紀篇」から選ばれたものがほとんどであるが、第二期「古典篇」からダンテ（『神曲』）、シェクスピア（『ハムレット』他）、第三期「十九世紀続篇」からバルザック（『谷間の百合』他）などが、『学生版』に収められている。

二　『世界文豪名作全集』

一九五三年五月に刊行を開始、五四年八月に完結した、小B六判全一一冊のごく小規模な全集が『世界文豪名作全集』である。全一一冊であるから、収載作家は、シェイクスピア、ゲーテ、スタンダール、バルザック、トルストイ（以上各一冊）、ドストエーフスキイ、トーマス・マン、ロマン・ロラン（以上各二冊）の精選された八人の文豪の作品を集めている。大規模な全集ではなく、是非読んでおきたい世界の文豪に絞り込んだ編集といえようか。定価は二九〇円、この当時としては平均的な金額であろう。作品選択も『ハムレット』『若きヴェルテルの悩み』『赤と黒』『カラマーゾフの兄弟』など、必読の名作を集め、理に叶ったものである。ただ総冊数が一一冊という影響を受けたのか、一冊しか割り当てられなかったトルストイは長編の収録ができないため、『幼年』『少年』『青年』というやや地味な作品選択であった。あるいは、長編『アンナ・カレーニナ』『復活』は『〈第一次〉世界文学全集』「第一期」に、『戦争と平和』は同じ「第三期」に収載されていたから、それらでは読めない作品をと考えたのかもしれない。とすれば、読者のために新しい作品の提供を図ったわけで、極めて良心的な試みといえよう。

総冊数が一一冊という特に小さい規模となったのは、以下の理由によるものと思われる。河出書房は、この『世界文豪名作全集』に数か月先駆けて、五三年二月から『現代文豪名作全集』を刊行中であった。こちらは夏目漱石・森鷗外・芥川龍之介・谷崎潤一郎らの日本の文豪を集めたものであった。共に全一一冊の企画でスタートした姉妹版であったのである。

この両者は、叢書名、総冊数、判型が一致し、巻末に解説と年譜を付載するなどの共通点も持っているが、装丁・カバーなどの造本は異なっている。『世界文豪名作全集』の解説や年譜は巻冊によって精粗のばらつきがあり、バルザックの解説やトルストイの年譜のように、それぞれ二〇ページ以上の詳細なものもあれば、トーマス・マンのように、解説・年譜ともに二ページ程度の簡略なものもある。『世界文豪名作全集』は解説・年譜の順だが、『現代文豪名作全集』は年譜・解説と逆になっており、解説も『世界文豪』は一段組で『現代文豪』は二段組と、必ずしも完璧な姉妹版ではない。そのことを最もよく示しているのが完結時の冊数で、共に一一冊の予定でスタートしたが、『現代文豪』

の方は後に泉鏡花・石川啄木・山本有三などが増巻され全二〇冊に、更に徳田秋声・川端康成らも追加されて最終的に全二四冊となった（これに次に述べる別冊を合わせれば全二五冊である）。

もっとも他にも共通点があった。『世界文豪』『現代文豪』共に、全巻購読者に別巻配布の特典があり、前者には『世界文学事典』が、後者には『樋口一葉集』が別巻として刊行された。『世界文学事典』の奥付を見ると、全巻完結の翌月五四年九月である。これは、中野好夫（編者代表）、渡邊一夫、手塚富雄、神西清、中島健蔵が編集し、一九五〇年六月に河出書房が刊行したもので、好評裡に迎えられた。五一年六月には普及版も刊行されている。猶、『世界文学全集』などの全巻購読者に付録として『世界文学事典』の類が付くのはさほど珍しい例ではない。水準の高いものとしては、新潮社のコンパクト版の『世界文学全集』の付録などが著名である。第二章で述べる平凡社『世界名作全集』は日本と世界の名作を収載しているため、同シリーズの特典付録の『世界名作事典』は日本と世界の文学作品が一冊に収められた至便のものである。

内容的には、ロマン・ロランの『魅せられた魂』が、第一〇巻、一一巻に収められているのが注目される。河出版の全集としては早い例であるが、残念ながら全訳ではない。全一一冊の叢書としてはやむを得なかったであろう。『魅せられた魂』全七巻のうち第四巻「母と子（二）」までであり、五巻以降の「告知する女（一）～(三)」は収載されていない。河出書房の全集でこの作品を読むことができるのは、六〇年代の『〈グリーン版〉世界文学全集』「第二集」や『〈豪華版〉世界文学全集』の

「第二集」を待たなければならない。

また上述したトルストイの例などは、『〈第一次〉世界文学全集』以外の作品を収載したが、〈第一次〉と同じ作品の場合は、元版を利用しているようである。『従妹ベット』の例で示せば、本編四四四ページまで、解説四五六ページまでが、元版の『世界文学全集』（第一期、十九世紀篇）第二巻のものと完全に一致し、これに年譜（四五七ページ〜四六四ページ）を追加したものである。年譜が加わって、売価も安くなれば、購読者も増加したであろう。ちなみに、『従妹ベット』は、一九五〇年に『〈第一次〉世界文学全集』の特製版が刊行されているが、この時の定価が三〇〇円、一九五二年の『世界文学豪華選』の時は、四五〇円、そしてこの五三年の『世界文豪名作全集』では年譜が追加されたにもかかわらず二九〇円である。従前のものより安い価格設定で一層の普及を図ったのである。

それにしても一一冊の叢書では、存在感を出すのは苦しかったかもしれない。そのために各社から出される世界文学の全集に埋没して、今日では忘れられかけている。たとえば、大正末期以来の世界文学の叢書を網羅した『世界文学全集・内容総覧』（日外アソシエーツ、一九八六年二月）は、この分野の必読の文献であるが、同書からも『世界文豪名作全集』は漏れてしまっている。『世界文学全集』という名称でないから除かれたというわけではあるまい。この『世界文学全集・内容総覧』が最初に挙げているのは、一九二六（大正一五）年刊行開始、全一八冊の『世界文豪代表作全集』なのである。名称も冊数も近似するものであるから、当然河出書房の『世界文豪名作全集』も収載されてしかるべきである。『世界文豪名作全集』は国会図書館でも欠本があるが、筆者の所属する福岡女子大学ではたまたま全冊を所蔵している。そうした事情もあって、小さな叢書ではあるが、一節を立てて振り返ってみたのである。

三　『〈決定版〉世界文学全集』

上述したように、河出書房の『〈第一次〉世界文学全集』は古典から十九世紀までを網羅した大規模な全集で、戦後直ぐにこのような叢書をまとめた河出書房の出版文化史上の意義は特筆大書すべきであろう。また『世界文学豪華選』『学生版　世界文学全集』などの異装版を次々と刊行したのも、元版の全集が好評裡に迎えられたことを示している。

ただ早くも強力な競争相手が後から追い上げてきていた。円本時代に最初の『世界文学全集』を刊行してこの市場を席巻した新潮社が、河出書房の全集では手薄であった、二十世紀の文学に焦点を絞り、当時の読者の渇望を満たすべく刊行したのが『現代世界文学全集』である。ロマン・ロランの『ジャン・クリストフ』などを第一回配本として、ジョイス、ショーロホフ、ボーヴォワールなどの現代の名作をずらりと並べ、圧倒的な存在感を示した。書目の選定がすぐれているだけでなく、装丁も洗練されていた。函は簡素な紙函だが、泰西名画をあしらったカバー装は瀟洒なもので、料紙も含めて河出書房の造本に差を付け、明らかに時代が変わったことを強く印象づけた。一九五二年からの刊行で、当初二九冊の予定が最終的には四六冊となった。更に新潮社は一九五七年から『新版世界文学全集』を刊行する。『現代世界文学全集』が大好評であったのを受けて、十九世紀の名作を中心にその追補を意図したものである。函、装丁、造本など両シリーズはほぼ一致する。全三三冊が刊行され、最終回配本『チボー家の人々』の月報には「『現代世界文学全集』（中略）とあわせ、ここに十九世紀から現代までの世界の名作の集大成が完成」と自負する如く、両シリーズを併せると、最もバランスの取れた『世界文学全集』となった。二つのシリーズをつなげば、ロマン・ロランにはじまってマルタン・デュ・ガールで終わるわけで、戦後民主主義を象徴するような叢書であった。

新潮社のこの全集の衝撃は大きかった。戦前からの翻訳文学の老舗で、戦後の早い時期に並装ながら『世界文学叢書』を刊行している三笠書房が、全く同じ『現代世界文学全集』というタイトルで参入をはかったことにも如実に示されている。(4)

これに対して河出書房はどのような対抗策を講じたのであろうか。それは大型化という路線への変更であった。『世界文学全集』（第一期、十九世紀篇）でいち早く四六判の総合的な体系的な全集を刊行したが、編集や造本に優れた後発の他社の企画がある以上、差異性を強調するために、大型化へと踏み切ったのである。一九五三年五月からは、上述した『世界文豪名作全集』という、小B六判・全一一冊の小型・小規模の叢書を刊行していたが、一転して、五三年の年末に、大判の菊判の全集の配本を開始した。通常〈決定版〉とか、『〈決定版〉世界文学全集』などと呼ばれるものである。

これまでの河出書房の『世界文学全集』は四六判二段組であったが、今回の〈決定版〉は菊判三段組で一冊の収載量は飛躍的に伸びた。従来二冊に分けられていたブロンテ姉妹の『ジェイン・エア』と『嵐が丘』を一冊に、二分冊であったトルストイの『アンナ・カレーニナ』が一冊にと、一冊あたりの収載能力はおおよそ二倍になった。内容的にも充実していた。最初に刊行された「第一期」を例に引けば、シェイクスピア、ゲーテから始まってミッチェル、レマルクに到る編目も、古典と現代、大文豪から人気作品まで幅広く収載しており、正に〈決定版〉という名前にふさわしい、質量共に充実した全集であった。全体像を示せば、「第一期」から「第三期」にわけて、それぞれ二五冊が刊行され、別巻の五冊と合わせ、最終的には全八〇冊の堂々とした全集となった。刊行途中の五七年に河出書房は一回目の倒産を経験しているが、再建後に配本を継続して五九年には全巻を完結させ、〈決定版〉は五〇年代を代表する大型全集となった。

第一回配本は、第九巻の『アンナ・カレーニナ』である。上述のごとく一冊にまとめたから六一一ページの厚冊となった。解説を冒頭に据えたのは目新しかったかもしれない。ただ年譜は巻末だから、やや不統一な憾みは残る。奥付によれば十二月二五日の発行である(5)。初版当時の帯に、予約金一〇〇円払込みと同時に文芸自由日記無代贈呈、予約申込金は最終回の配本に充当します、などと記されているのが当時の時代を示している。第二回配本は『風と共に去りぬ』であった。

最終的には、第一期から第三期まで、各期二五冊ずつとなるのであるが、当初は全二四冊の全集として宣伝されていた。第一回配本『アンナ・カレーニナ』の帯にも二四巻の作品一覧が載っているし、刊行時の内容見本の表紙にも「二四巻」と記されている。(6)「第一期」の当初予定の冊数は二四冊だったが、一方で「第二期」以降の計画もあったようで、帯には「第一期二四巻」と記され、上記内容見本の四ページ以降には「世界文学全集第一期収載作品」と記されていて、第二期以降の計画を窺わせる。さて「第一期」当初の二四冊に漏れていたのは、『凱旋門』『西部戦線異状なし』の二作品を収載するレマルクの巻冊で、これが「第一期」第二五巻として加わることとなる。それ以外にも、当初の内容見本と完結時の「第一期」とでは多少の作品の出入りがある。このような全集にはある程度見られる現象であるので、主要なものだけ記しておくと、マルローと抱き合わせの予定であったモーリヤックは、結局「第三期」に収載されるようになり、当初『武器よさらば』『誰がために鐘は鳴る』の人気二作品収載予定のヘミングウェイは、スタインベック『怒りの葡萄』と抱き合わせになった。そのために『誰がために鐘は鳴る』の方は「第三期」にヘミングウェイ単独でもう一冊設け、そちらに収載している。

「第一期」から「第三期」までは、従前の「古典篇」「十九世紀篇」のように時代ごとにまとめるのではない。「第一期」は上述したようにシェイクスピアからレマルクまで、次いで「第二期」はボッカッチョに始まりヘッセやボーヴォワールあたりまで、「第三期」はセルバンテスに始まりヘミングウェイやショーロホフあたりまで、それぞれが古典から現代までを見通したバランスの取れた編集となっている。さらに別巻として『シャーロック・ホームズ全集』に三冊『水滸伝』に二冊を割り当てたのが注目される。同じ頃河出書房は、『万葉集』『源氏物語』から夏目漱石・島崎藤村の近代文学までを網羅した『日本国民文学全集』が好評であったが、この時も『大菩薩峠』『富士に立つ影』など大衆に人気のある作品を別巻として刊行しているから、全く同じ方針であった。『〈決定版〉世界文学全集』が三八五円、『日本国民文学全集』の改装版(7)が三六五円と、五円単位の価格設定も共通するものがある。

ここで、〈決定版〉という名称について簡単に触れておこう。第一回配本の『アンナ・カレーニナ』を例に取ってみると、外函の平と背、本冊の背表紙と扉、そして月報には「世界文学全集」と記され、奥付に「世界文学全集（第一期）」と記されるだけで、どこにも〈決定版〉という名称は記載されていない。六〇年代の〈豪華版〉や〈カラー版〉は外函下部にその愛称が見えるが、本書の場合「世界文学全集・第一回配本」と記されるのみである。ただ、帯には「決定版　世界文学全集」と二箇所に亘って記されており、河出書房が当初からこの名称で呼ぼうとしたことは明白である。また刊行当初の内容見本にもはっきりと「決定版　世界文学全集」と謳っている。その意味で、次章に述べる〈グリーン版〉とは、名称の付け方で大きく異なっていると言えよう。

さて〈決定版〉は造本もすばらしく、ベテラン恩地孝四郎の装丁も実に味わいのあるものである。

大型化の場合、ともすれば携行や繙読に不便な場合があるが、〈決定版〉は、一冊あたりの厚さをやや薄目に仕上げているために、威圧感のようなものがない。それは恩地の装丁と見事に呼応して、大型ながらすっきりとした造本である。第一期が水色、二期は朱色、三期は緑色、別巻は薄紫色と、色違いの装丁も美しい。薄手の紙函もなかなかしっかりとした造りで、瀟洒な仕上がりであった。

四　〈豪華特製版〉と〈特製豪華版〉

さて、この『〈決定版〉世界文学全集』については、矢口進也の「第一期のみかもしれないが、天金の豪華な特製版が出ている」(8)という指摘がある。この本について考えてみよう。

この「天金の豪華な特製版」は、図書館・古書店などでもほとんど見ることがないものである。筆者も「第一期」のものしか確認していないが、道岡敏の装丁で洋書を思わせるような重厚な造本であり、属目することができたものはいずれも一九五六年十月三〇日の奥付である。

この本については次のような資料がある。『〈決定版〉世界文学全集』の第二期の完結を数か月後に控えていた段階で、さらに一層の普及を目指して、「第一期……完結」「第二期……昭和三一年十二月完成」と記されている〈決定版〉の内容見本が作られている。このパンフレットの裏表紙に、第一期全二五巻の〈豪華特製版〉の宣伝が出ているのである。そこには、「背革・天金・表紙全面金箔押／

特漉上質紙使用・優美貼函入愛蔵本」と記されている。特別材料使用のため、予定部数に達したら予約を締切り、増版はしない、などとも書かれている。代金は「全二五巻一セット価二〇〇〇〇円」であった。宣伝では更に「この優美華麗の豪華本が一冊八〇〇円の定価もまた驚くべき廉価であり、読後書斎や応接間の装飾品としても燦爛他を圧するものがあります」とも述べられている。「読後書斎や応接間の装飾品」云々は、そのころの書物への考え方が現れていてほほえましいが、一冊あたりに換算すると八〇〇円というのは、当時の一般の読書家にはちょっと手が出ないものではなかっただろうか。そのため、古書店などでもほとんどその姿を見ることはない。ちなみに、六〇年代の河出書房の『世界文学全集』の掉尾を飾る菊判の大型の〈カラー版〉でも、六六、六七年当時で六九〇円、七九〇円などであり、東京オリンピック前後の高度成長期を間に挟んでも、十年以上前のこの天金の〈豪華特製版〉の価格を超えることはなかったのである。それだけの豪華な特製本だったといえようか。

さて、『〈決定版〉世界文学全集』の元版の方は、一九五九年に完結するが、河出書房では三年後の一九六二年に、一期・二期・三期の編別編集を一旦全面的に解体して、別巻以外の七五冊をほぼ通年の形に一本化して再編し、最後に別巻の五冊を配した改編版を刊行している。その際に〈特製豪華版〉と名称を改め、装丁も一新した。〈決定版〉の方は、編別の色違いの表紙が魅力的であったが、今回は函も表紙も黒一色で統一している。外函も〈決定版〉の薄手の紙函から堅固な貼函となり、極めて重厚な印象を与えられる。表紙も〈決定版〉の時より厚手の重厚なものとなっており、全体として〈決定版〉よりもかなり厚冊となっている。

〈特製豪華版〉という名称は、天金の〈豪華特製版〉と区別するために、「豪華」と「特製」の語順を入れ替えたのであろう。〈豪華特製版〉の方は、結局「第一期」のみの刊行という中途半端な結果に終わったから、河出書房としては、五〇年代を代表する大型の全集である〈決定版〉の全冊を、特製版としても残しておきたかったのであろう。それだけの価値を有する叢書でもあった。

天金の〈豪華特製版〉との関連は、一括配本セット販売という同じ方法を採っていることからも窺える。今回は全八〇冊という大揃いで、セット価格は四万円であった。一冊あたりに換算すると五〇〇円となり、六年前の天金の〈豪華特製版〉の一冊あたりの単価八〇〇円に比べれば、随分求めやすい価格設定となっている。菊判の堅牢な文学全集の価格として一冊五〇〇円というのは、当時としてはやや高いと感じる程度ではあっただろうが、それでも揃定価四万円を投じて購入することは、六〇年代初期の一般家庭では一大決心が必要であったかもしれない。そのため幅広く普及とまではいかなかったかもしれない。ただ年代別に編纂を改めた結果、極めて整然とした全集の形となり、この分野の基本文献たる『世界文学全集・内容綜覧』（日外アソシエーツ、一九八六年二月）では、元版の〈決定版〉ではなく、改編版の〈特製豪華版〉からデータを取っている。

巻序の変化の一例を挙げれば、元版の〈決定版〉では第三六回目に配本された『コレット・ボーヴォワール』の冊は第二期二二巻（第二期一一回配本）、六九回目に配本された『ホフマン・ハイネ・アイヒェンドルフ』の冊は第三期六巻（第三期一九回配本）であったが、作者の活動時期による編年編纂となった〈特製豪華版〉では、前者が第一〇巻、後者が第六一巻と明快な巻序となっている。

黒一色の意表をつく装丁をしたのは原弘であった。原は戦後の書籍装丁の分野の第一人者であり、文学全集に関しても五〇年代から七〇年代まで、多くのものを手掛けている。元版の装丁は前述したごとく恩地孝四郎であった。恩地はいわば、戦前から一貫してのトップ・ランナーであり、一九五三年の筑摩書房『現代日本文学全集』のように、最晩年まで文学全集の装丁でも頂点にあり続けていた。恩地は一九五五年に逝去するから、当然〈豪華特製版〉の装丁はできないのであるが、同じ〈決定版〉で、元版の恩地孝四郎から、改装版の原への交代劇は、一つの時代を象徴しているようである。〈特製豪華版〉は、時期的には、次章の〈グリーン版〉の刊行開始より遅れるのであるが、元版の〈決定版〉との関係からここで述べておいた。

おわりに

戦前から世界文学の全集の灯を守り続けた河出書房は、平和な時代を迎えて水を得た魚のように、めざましいまでの活躍を見せる。戦後いち早く四六判の八〇冊以上の大規模な全集を刊行して先鞭を付け、一方で様々な異装版や改編版を刊行して、世界文学に飢えていた読者の渇を満たした。河出書房に刺激されるように、新潮社、三笠書房の優れた企画が出てくると、一転して大型化で対抗しようとした。敗戦から十年近くたち、経済復興の着実な歩みと時を同じくして、より大きな、より本格的なものを受け入れるだけの文化的下地も形成されていたのである。『〈決定版〉世界文学全集』は、終戦直後の復興期をへて、新たな段階に到達した戦後日本の文化・出版・教養の水準を象徴するすぐれた叢書であった。

第二章 『〈グリーン版〉世界文学全集』の誕生

はじめに

戦後日本において数多く出版された各種文学全集の中で、もっとも親しまれたものに河出書房の〈グリーン版〉と呼ばれるものがある。『世界文学全集』全一〇〇冊と『日本文学全集』全五二冊を刊行した。書目の選定から造本に至るまで極めて水準の高いものであった。『世界文学全集』を例に取れば、一九五九年の刊行開始から重版をつづけ、約十年後には「二〇〇〇万読者に親しまれてきた河出のグリーン版」[1]と称されている。発行元自身のキャッチフレーズではあるけれど、単純に計算すれば、全一〇〇冊の全集だから一冊平均二〇万部となる、大変なロングセラーである。書目によっては一九九〇年代まで、四〇年近くも版を重ねていることが確認できる。[2]一時期は日本中の多くの公立図書館に所蔵され、今日でも、五〇歳以上の日本人のほとんどが、〈グリーン版〉という名前の全集と、その名前の由来にもなった清楚な緑色の装丁の本のことを鮮やかに思い出すことができるのではないだろうか。戦後の日本人の文学や教養を考えるときに、また戦後の出版文化史を考える上でも、決して抜きにしてはならない叢書である。

ところが、同じ版元の河出書房から、時期も同じく六〇年代に出版された文学全集に〈豪華版〉や〈カラー版〉とよばれるものがあるが、これら〈豪華版〉や〈カラー版〉は『世界文学全集』と『日本文学全集』がほぼ並行するような形で刊行されている。これに対して〈グリーン版〉のみが、世界と日本の文学全集の刊行時期に大きな隔たりがあるのである。さらに〈グリーン版〉と呼ばれながらも、『世界文学全集』の方には緑色ではなく白色に近い薄いクリーム色表紙の異装版が存在するのである。なぜこのようなことが生じたのか、そもそも〈グリーン版〉という名称はいつ頃から使われているのであろうか。

戦後を代表する文学全集の様々な秘密について考えてみたい。

一　二つの〈グリーン版〉の隔たり

六〇年代のちょうど中間でもある、一九六六年という年で輪切りにしてみると、この年代の河出書房の出版の特色が最も分かりやすいので、まずそこから見てみよう。

この年河出書房は、『世界文学全集』を三種類も同時並行の形で出版していたのであった。〈グリーン版〉がダンテ『神曲』、メイラー『アメリカの夢』など六冊、〈豪華版〉がショーロホフ『静かなドン』、ドストエーフスキイ『カラマーゾフの兄弟』など一二冊、〈カラー版〉がトルストイ『戦争と平和』、ミッチェル『風と共に去りぬ』など一二冊である。[3]〈グリーン版〉はこの年完結するから最後の六冊であるが、〈豪華版〉や〈カラー版〉は毎月配本の一二冊、従って月によっては三種類の『世界文学全集』が同時に配本されているのである。文学や文学全集が幅広い読者層を獲得していた六〇年代であっても、同じ『世界文学全集』の分野で、三つもの全集を同時刊行というのは、ある意味では大変な冒険であろう。競合する企画であるから、当然共倒れの危険もともなっていると思われる。[4]

ところが、この三種類の全集は、小（グリーン版、小B六判）、中（豪華版、四六判）、大（カラー版、菊判）と差異性を明確にした判型に象徴されているように、それぞれが競い合うように固有の読者を開拓したのである。その結果、河出書房の総合収益を大きく押し上げることとなった。〈グリーン版〉がロングセラーであることは上述したが、〈豪華版〉や〈カラー版〉も決して見劣りはしない。〈豪華版〉は一九六四年に刊行を開始、〈カラー版〉はこの年六六年に刊行を開始したが、この二つはそれぞれ第一回配本を中心に年間ベストセラーに食い込む大健闘を見せている。この三種類こそが河出書房の文学全集の六〇年代の主力商品であった。

今、『日本文学全集』も含めてこの三種類の全集の第一回配本を示してみると、次のようになる。

一九五九年十月　『〈グリーン版〉世界文学全集』スタンダール『赤と黒』

一九六四年六月　『〈豪華版〉世界文学全集』ミッチェル『風と共に去りぬ』
一九六五年六月　『〈豪華版〉日本文学全集』与謝野晶子訳『源氏物語』
一九六六年一月　『〈カラー版〉世界文学全集』トルストイ『戦争と平和』
一九六七年一月　『〈カラー版〉日本文学全集』与謝野晶子訳『源氏物語』
一九六七年六月　『〈グリーン版〉日本文学全集』夏目漱石『坊っちゃん』
　　　　　　　　　　　　　　　　　　　　　　下村湖人『次郎物語』

〈グリーン版〉を除けば、〈豪華版〉も〈カラー版〉も『世界文学全集』の刊行開始からちょうど一年後に、『日本文学全集』の第一回配本がなされていることが看取できよう。河出書房としては得意分野の『世界文学全集』を先行させ、一年後に姉妹版の『日本文学全集』を追いかけて刊行し、相乗効果で読者の掘り起こしを図ったと考えて良かろう。刊行月まで完全に一致することから、巧みな計算に基づくものであるといえよう。それだけに『世界文学全集』から八年近く刊行が遅れる〈グリーン版〉の『日本文学全集』の持つ問題は大きいであろう。この刊行時期の懸隔にこそ、〈グリーン版〉の様々な秘密を解く鍵があると思われる。

猶、世界と日本の文学全集をタイアップして刊行させる方式が、六四年の〈豪華版〉によって初めて確立されたのではないということを予め断っておきたい。〈豪華版〉が確立した方式なら、それに先行する〈グリーン版〉の時点では、姉妹版の『日本文学全集』の着想に至らない可能性もあるからである。ところが、この方式を河出書房は十年以上前にすでに実行しているのである。前章で述べた、一九五三、四年に並行して刊行された『世界文豪名作全集』と『現代文豪名作全集』がそれに該当する。『現代文豪』とは日本の作家であって「日本文豪名作全集」では収まりが悪いので、このような名称になったのであろう。『現代文豪名作全集』の方は増巻されて最終的には全二五冊となったが、当初は共に全一一冊の企画で、冊数までぴたりと一致する。全集や叢書を調べる場合、最終的に完成した形で記録に残るのでそのデータによりがちである。ただ全集や叢書は当初の企画が変更することも多いため、刊行開始以前、そして刊行途中の情報などにもきちんと目配りをする必要がある。ともあれ、河出書房の『世界文豪』『現代文豪』の二つの叢書の内容・判型・造本は酷似し、世界と日本の文学全集を姉妹版として刊行することは、五〇年代前半にすでに実験済みであったのである。

判型・造本という点から言えば、今日〈グリーン版〉と呼ばれている『日本文学全集』と『世界文学全集』とは当然のごとく一致している。ところが両者の初版のものを比較してみると、刻印されている名称自体に微妙な差異があるのである。緑色の外函の下小口に当たる部分に、一方には「グリーン版日本文学全集」とあるのに対して、他方は「世界文学全集　第…回配本」とあるのみで〈グリーン版〉という名称はこちらには見られない。また帯にも、一方が「グリーン版日本文学全集」と明示するのに対して、他方には「世界文学全集」「河出版世界文学全集」などと記されるのみである。すなわち、『世界文学全集』の初版時には〈グリーン版〉という名称は、奥付や背表紙はもちろん、函や帯のどこにも記されていないのである。前章までで見た〈決定版〉や〈特製豪華版〉にせよ、次章で見る〈豪華版〉〈カラー版〉にせよ、河出書房が名付けた愛称は、奥付に記されない場合でも、函や帯あるいは月報などにその名前が見いだせるが、『〈グリーン版〉世界文学全集』は、どこを探しても〈グリーン版〉とは記されてないのである。従って、この名称は確立されていなかったと考えるべきであろう。この名称の確定の遅れが、実は『〈グリーン版〉日本文学全集』の刊行の遅れと関連すると思われる。

では今日我々が『〈グリーン版〉世界文学全集』と呼んでいるものは、刊行当初はどのような呼び名を持っていたのであろうか。そのころは「グリーン版」と呼ばれずに、代わりに「河出版」「小型版」「コンパクト版」などいくつかの略称が適宜使用されていたのである。本章でも正確を期するために、しばらくの間、〈グリーン版〉の名称を使用せず、『〈小型版〉世界文学全集』と呼ぶことにしよう。

二　四八冊でのスタート

さてここで、時計の針を少し巻き戻してみよう。

前章で見てきたように、一九五〇年代前半の新潮社や三笠書房の二つの『現代世界文学全集』のシリーズに対しては、河出書房は菊判で全八〇冊という『〈決定版〉世界文学全集』を刊行して、判型と巻数の大型化で対抗したのであった。ところが、これに対しては新たな恐るべき競争相手が現れた。日本の文学全集の分野で、『現代日本文学全集』という、正に戦後を代表するような高水準の叢書を刊行し、先行する角川書店『昭和文学全集』などを一挙に抜き去って、文学全集の市場に新境地を開いた筑摩書房が、余勢を駆って世界文学の分野にも参入してきたのである。一九五八年の春のことであった。筑摩書房の刊行したのは『世界文学大系』で、判型は河出書房の『〈決定版〉世界文学全集』と同じく菊判、冊数も筑摩書房の大系は最終的には全一〇二冊となり、質量共に河出書房の〈決定版〉を凌駕したのであった。

その一方で、全集の小型化という新たなうねりが生じていた。筑摩書房の『世界文学大系』の刊行開始から僅かに半年後、五八年秋に、平凡社の『世界名作全集』の企画が姿を現した。文庫サイズのA六判の造本を、上製函入りとしたもので、小型本の簡便さと、上製本の品格を兼備したもので、この叢書が出版界に与えた衝撃の大きさについては、紀田順一郎が的確にまとめている(5)。平凡社の『世界名作全集』は当初は五〇冊に別巻三冊、五〇冊の内訳は海外文学三五冊、日本文学一五冊であった。かつて国文学者で比較文学の立場から発言を行っている井上英明が、『世界文学全集』に日本の作品が入っていないことなどを例示しながら、今日の国文学研究のグローバリズムの危うさについて苦言を呈したことがあるが(6)、五〇年代末には、こうした世界文学と日本文学を同列に扱う企画も存していたのであった。

さて、この平凡社の『世界名作全集』に対抗する、小型本の全集の企画を打ち出した出版社も多かったが、それらは二つに分けることができる。一つは、世界と日本の文学を同時に収載するもので、筑摩書房が、書名も全く同じ『世界名作全集』を一九六〇年から刊行する。判型は平凡社版よりやや大きい小B六判、全四六冊で世界文学が三八冊日本文学が八冊であった。同じく小型版であるが、世界文学に絞って対抗したのが円本時代に最初の『世界文学全集』を刊行した新潮社で、やはり小型版の『世界文学全集』全五〇冊を一九六〇年に配本を開始した。

平凡社の『世界名作全集』にいち早く反応したのが河出書房で、急遽全四八冊の小型版の『世界文学全集』を企画、一九五九年十月の第一回配本スタンダール『赤と黒』を皮切りに、同年のうちに『罪と罰』『アンナ・カレーニナ』などの名作を相次いで刊行したのである。筑摩書房と新潮社がそれぞれ対抗企画を打ち出したのが共に一九六〇年の春、これも実に素早い対応といえようが、さらにそれよりも半年早く、河出書房は新企画を出発させたのである。自社の〈決定版〉より一〇〇円近く下げて、二九〇円という価格設定も効果を上げたであろうが、シェイクスピア、ゲーテからサルトル、魯迅に至る編目の充実と、これに加えて今日でも一頭地を抜くグリーンを基調とした装丁のスマートさが、何よりも魅力的であった。

さてこの河出書房の『〈小型版〉世界文学全集』は、全四八冊の計画で出発した。〈決定版〉の菊判で八〇冊という大規模な全集を知っている私たちにとっては、小B六判で四八冊というのは随分窮屈な印象を与えられるが、その辺は問題はなかったのか。冊数としては、上述したように、平凡社の『世界名作全集』が当初は全五〇冊の予定であったこと[7]や、筑摩書房『世界名作全集』が全四六冊、新潮社『世界文学全集』が全五〇冊であったことを考え合わせれば、五〇冊前後というのが当時の小型の全集の平均的なスタイルとして、共通の認識があったのであろう。

そのような事情もあって、四八冊という限られた冊数での企画となったが、そこは長年世界文学の叢書をいくつも企画してきた河出書房らしく、巧みな編纂ぶりである。このように叢書全体の冊数があまり多くない場合、最も影響を受けやすいのは文豪の大長編である。ところが今回、河出書房はトルストイに五冊をはじめ、ドストエーフスキイ、ユゴー、ロマン・ロラン、ショーロホフにそれぞれ三冊を割り当てて、『戦争と平和』『アンナ・カレーニナ』『罪と罰』『カラマーゾフの兄弟』『レ・ミゼラブル』『ジャン・クリストフ』『静かなドン』など必読の名作をすべて収録している。この五作家だけで一七冊になり全体の三分の一以上の巻冊を費やすことになるから、ある意味では大胆な決定であったといえよう。残された冊数にもシェイクスピア、ゲーテからフォークナー、サルトルまでと、古典から近代までのバランスも良く取れていた。当時の一般的傾向として、スタンダール、バルザック、フローベール、モーパッサン、ゾラ、ジイド、プルースト他のフランス文学に力点を置きつつも、英（ブロンテ姉妹、ディケンズ、ロレンス他）独（カロッサ、ヘッセ、トーマス・マン他）露（プーシキン、ツルゲーネフ、ゴーリキイ他）米（ポー、ホーソーン、フォークナー）など国ごとのバランスも良く、四八冊の中によくぞこれだけの必読の作家や作品を巧みに取り込んだものだと思わせる、コンパクトながらも水準の高い全集であったのである。

三　色違いの別巻の登場

前節で見たように全四八冊の『〈小型版〉世界文学全集』は、極めて巧みな編纂であったが、それでも冊数の限界は当然あったはずである。以前の〈決定版〉で言えば第一期に含まれていた『風と共に去りぬ』や『凱旋門』(8)などの人気作品が、当初の四八冊には収載されず、押し出されてしまう結果となった。それらを救うべく、数か月後には早くも別巻の企画が追加発表されるのである。その間の事情については紀田順一郎もユーモラスにまとめているが(9)、ここで何よりも注目したいのが、別巻の装丁の問題である。

〈小型版〉第一回配本の『赤と黒』の刊行は一九五九年十月であったが、まだ五、六冊を刊行した段階の、翌六〇年春には、これとは別に、全七冊の別巻の企画が発表される。別巻の第一回配本は、ミッチェルの『風と共に去りぬ（一）』で、六〇年三月刊行、定価は二九〇円であった。別巻刊行に至った経緯は、挟み込みの月報に記されている。月報の八ページには、「世界文学全集別巻刊行にあたって」と題して、次のように記されている。

昨秋、小社は……コンパクト・サイズの世界文学全集全四十八巻を刊行して以来、全国の読者各位から絶大なご支持を得て、毎回ベストセラーとして、巻を重ねておりますが、……ここに世界文学全集の別巻として……「風と共に去りぬ」「大地」「レベッカ」「凱旋門」の四点（七冊）を、うすクリーム地表紙に朱と金の二色箔押しという豪華な装幀をこらして、刊行いたすことになりました。なにとぞ本巻とともにご愛読くださいますようお願い申し上げます。

同様の記述は、別巻刊行時に作成された内容見本にも見ることができる。この内容見本は、表紙に「河出版（黒字）世界文学全集（白抜き）別巻（赤字）」と記され、映画『風と共に去りぬ』の一場面をあしらったものである。ここに見られる「別巻刊行のことば」は、前記月報の文章とほぼ同様で、「名作『風と共に去りぬ』『大地』『レベッカ』『凱旋門』の四点（七冊）を、装幀に新趣向を加えて、刊行することになりました」と記されているが、「装幀に新趣向」と強調されている点が注目される。造本に関する具体的な記述は、「別巻刊行規定」の〈体裁〉の項目に、「判型・造本　世界文学全集本巻と同じ。ただし表紙のみクリーム地に朱と金の二色箔押しの豪華な新装版」と記されている。

これらの記述から明らかなように、別巻の七冊は、すでに配本中の本巻とは同一判型・同一デザインながら、色違いの造本で刊行されたのである。全集としての統一性を同一デザインで追求し、他方で本巻・別巻の差異性を色違いで示そうとしたためと思われる。色違いの発想は、既に〈決定版〉の第一期から第三期までなどの例があったし、河出書房としては発想しやすいものであった。また、別巻の『風と共に去りぬ』『大地』『レベッカ』『凱旋門』は、読者に人気の高い作品ではあるが、文豪中心の本巻とは多少色彩も異なっている。これまた、別巻として『シャーロック・ホームズ全集』や『水滸伝』をまとめた『〈決定版〉世界文学全集』や、『大菩薩峠』『富士に立つ影』などを別巻仕立てにした『日本国民文学全集』に見られる得意の手法でもあった。〈決定版〉の別巻五冊は、第一期〜三期のどれとも色違いの装丁であったことも想起される。

しかし別巻の色を本巻とは色違いの「クリーム地」にしたことは、この『〈小型版〉世界文学全集』にとっては極めて重要な意味を持っている。後に〈グリーン版〉と呼ばれたこの小型版のシリーズの、文字通り「カラー」が、当初はそれほど重要視されなかったことを明瞭に示しているのである。あれほど多くの日本人に親しみを込めて呼ばれた〈グリーン版〉という愛称は、本巻別巻色違いの全集ではあり得ないことなのである。

ところで、今日大学図書館、公立図書館などで所蔵されているこの『〈小型版〉世界文学全集』は、別巻も本巻同様に、グリーン地のものが圧倒的に多い。このクリーム地の別巻（以下白版別巻と適宜略称する）は古書店などで時折見かける程度である。当初はクリーム地の別巻であったが、のちには、本巻同様の緑色に統一されたのである。

では白版別巻はどれくらい出版されたのであろうか。これまでにのべ一〇〇冊以上の白版別巻を調べたが、そのほとんどすべてが、六〇年三月から十月に掛けて刊行された初版のものである。手許にある別巻七冊もすべて初版である。ただ白版別巻は初版のみかというとそうではない。いまだ調査の途中だが、初版以外に蒐集できたもので、発行年月が下るものとしては、「昭和36年5月30日6版発行」の『風と共に去りぬ（三）』、「36年6月20日再版発行」の『大地』と、「35年7月12日初版発行35年5月20日再版発行」と記す『レベッカ』などがある。『レベッカ』の方は初版と再版の日付が逆行するから、再版は「36年5月」の誤植であろう。現時点では一九六一年五、六月あたりが白版別巻の刊行時期の下限と考えている。『風と共に去りぬ』をのぞけば他の別巻は再版までが白版ではないだろうか。恐らく、グリーン地の装丁の圧倒的な存在感や人気を受けて、別巻もかなり早い段階で、本巻と同色の装丁に戻したのではないかと思われる。因みに、白版別巻でも、外函は本巻同様緑色で、同色同デザインである。

このように考えてくると、図書館などの公的機関に所蔵されている資料については、装丁者・装丁（色・デザイン）などを書誌情報として付加していく必要性も痛感される。[10] ともあれ、現在我々が眼にする別巻のほとんどは、本巻同様緑地の、典型的な〈グリーン版〉のものであるが、一時的にせよクリーム地の色違いの別巻が刊行されたことは重要であろう。そのことは〈グリーン版〉という名称の発生が遅れることを示唆するようである。

四　色違いの姉妹版『日本文学全集』

『〈小型版〉世界文学全集』が本巻・別巻ふくめて二〇冊近くになった一九六〇年七月、この『世界文学全集』の姉妹版とも言うべき企画が姿を現した。緑色ではなく、鮮やかなワインカラーの『日本文学全集』全二五冊である。これは『〈小型版〉世界文学全集』と同判型で、同じビニールカバーを採用、デザインもよく似ており、形態的にも姉妹版という名にふさわしい。この『日本文学全集』の内容見本ではそのことをはっきりと標榜している。

この『日本文学全集』全二十五巻は、二〇〇〇年をこえる日本民族の文学的所産として、古代から現代までの古典・新古典を厳選して、手頃な形においてまとめた最初の統一的な全集であります。……幸いにも、小社刊行中の『世界文学全集』全四十八巻が好評をもって迎えられておりますので、その姉妹版全集として、各家庭のリヴィング・ルームに、各職場の書棚に、各学校の図書館に備えられご愛読されることを心からお願い申し上げます。（「刊行のことば」）

河出書房の「刊行のことば」には、『世界文学全集』の好評を受け、世界と日本の文学全集を姉妹版で刊行しようとする高揚した雰囲気を感じ取ることができるが、装丁を担当した原弘自身も内容見本に文章を寄せている。そこでは、二つの色のコントラストについても語られている。

「日本文学全集」は「世界文学全集」の姉妹版である。デザインとしては、当然対（つい）のものとして考えられるべきものであろう。姉はグリーンのアンサンブル、そこで妹にはどんな色が、と考えられたのがワイン・カラーのアンサンブルである。……「世界文学全集」はすでに読者の書棚では、グリーンのマッスをなしていることだろう。あの落ちついたグリーンのマッスに対して、鮮やかなワイン・カラーが一方から徐々に量を増してゆくさまを想像することは楽しい。

（「装幀者のことば　原弘」）

河出書房はこの後『日本文学全集』という名前の叢書をいくつも刊行するから、弁別のためにこの二五冊の全集を、装丁者原弘のことばにならって〈ワインカラー版〉と呼ぶことにする。『〈小型版〉世界文学全集』の売れ行きが好調なので、相乗効果をねらって急遽姉妹版の『〈ワインカラー版〉日本文学全集』を企画したのである。二節で述べたごとく、世界と日本の文学全集を並行させて相互補完させることは、河出書房の一つのスタイルであった。この方式は、名称まで統一した次の〈豪華版〉の時に完全に確立される。さらに最後の〈カラー版〉の時には、見事に同一名称、同一装丁の色違いの世界と日本の文学全集を刊行するが、そのことについては、第三章で詳しく見ることになる。

再び、一九六〇年の時点に話を戻すが、五九年の十月の『〈小型版〉世界文学全集』が刊行開始から一年弱で、姉妹版の〈ワインカラー版〉として『日本文学全集』企画をまとめ上げた手際の良さは注目に値する。もっとも〈ワインカラー版〉の内容は、先行する『日本国民文学全集』を母胎として手を加えたものであったから、編集作業は比較的容易であったのかもしれない。ともあれこうして、判型が同じく色違いの叢書はスタートしたのである。[11]

ここで、これらの叢書の装丁について考えてみよう。戦後を代表するブックデザイナー原弘の仕事の中でも、この『〈小型版〉世界文学全集』は最も良く知られたものである。そのあたりを臼田捷治の言葉でまとめると次のようになる。

函から表紙までグリーン系で統一されたデザインからは、いまなおとても清新な印象を受ける。函を包んでいるのが、原が開発にかかわった「アングルカラー」と呼ばれる新感覚の用紙である。ベースとは異なる色の細かい繊維を漉きこんだ、横方向に溝が浅く走る感触の柔らかい用紙……全体は原らしい活字主体の構成であるが、決して単調に陥らない……表紙にかけた透明なビニールにも横方向に溝がリズミカルに入っている。これは明らかに外函の用紙の溝に対応するものであろうが、のっぺりとなりがちなビニールに陰影感を添えている。[12]

多少言葉を補えば「透明なビニール」とは薄いグリーン色のビニールカバーのことである。ビニールカバーの色も含めてグリーンに統一しているのである。瑣末なことに拘泥したのは、上述した白版の別巻では薄いクリーム色のビニールカバーとなっているからである。

さて原弘の膨大な仕事は、大著『原弘　グラフィックデザインの源流』（平凡社、一九八五年六月）によってその概略を知ることができるが、そのうち〈ブックデザイン〉の業績は、八九ページ以下にまとめられている。その中で見開きの一二四・一二五ページには、『〈ワインカラー版〉日本文学全集』第四巻『狭衣物語　他』と、『〈グリーン版〉日本文学全集』第二五巻『人生劇場　青春篇　他』が、向き合うように並べられているのである。やはりこの二つは姉妹版として並べて味わうべきものであった。原弘はこのころ文学全集関係の装丁を精力的にこなしている。既述のごとく、河出書房関係では〈グリーン版〉や〈ワインカラー版〉以外にも、前節で述べた『〈特製豪華版〉世界文学全集』や『日本国民文学全集』があった。もちろん河出書房の仕事だけではない。他社の例も主要なものだけに絞っても、戦後の日本文学全集の先駆けとなった角川書店『昭和文学全集』や『現代国民文学全集』、講談社『長編小説全集』（六一年）などが同時期の代表作としてあげられる。講談社ではその後も『現代長編文学全集』（六八年）『日本現代文学全集』豪華版（六九年）『われらの文学』デラックス版（同）があり、上述した平凡社の『世界名作全集』もまた原の仕事であったのである。戦後における文学全集の普及を考えるとき、装丁家原弘の果たした役割は極めて大きい。

ちなみに、「戦後の原弘像」に大きく比重を掛けた今日の評価に対して、戦前の原の活動やその周辺を明らかにする多川精一[13]や川畑直道の仕事は極めて貴重であり、なかでも川畑の大著『原弘と「僕達の新活版術」　活字・写真・印刷の一九三〇年代』（トランスアート、二〇〇二年六月）、は瞠目すべき仕事であるといえよう。その川畑の著述の序として記された「原弘への視座」では「通称〝グリーン版〟と呼ばれる河出書房新社の『世界文学全集』」がやはり原の代表的な装丁作品の一つとして言及されているのであった。川畑の著書などが呼び水になり、原に関する文献は次第に充実してきたが、その中でも『原弘　デザインの世紀』（平凡社、二〇〇五年六月）は、原の作品と文章を見事に調和させ、同時に近代日本デザイン略史をも兼ねる好著である。

五　「第二集」「第三集」と〈グリーン版〉の誕生

さて、『〈小型版〉世界文学全集』全四八冊の内まだ三冊が刊行されていない一九六二年十二月から、新たに「第二集」として二五冊の刊行が開始される。これにともない従来の四八冊は「第一集」と呼ばれることになる。「第一集」は十二月刊行のサルトル・アラゴン第四六巻以外に、第一〇巻ゴーリ、三二巻トーマス・マン、四八巻の『世界近代詩十人集』が残っていたが、これらは六三年一～三月に「第二集」と同時に配本されて完結する。「第二集」の最初の二回の配本はスタインベック『怒りのぶどう』、ヘミングウェイ『武器よさらば』『老人と海』などで、映画化の関連もあってこのころ特に人気のあった作品で、(14)「第一集」の残りの巻冊がやや地味なラインナップであったことに対する梃子入れとなったであろう。もっとも、名作や大作を重視するこのシリーズの精神は貫かれており、『ユリシーズ』に二冊、『魅せられたる魂』に三冊を割り当てている。特に後者は、『世界文豪名作全集』では前半のみであったから、全訳出版の他社に遅れをとっていた河出書房としては悲願の全訳刊行で責任を果たしたのであった。それ以外では、ボッカッチョ、セルバンテス、ルソーなど古典重視も目立った「第二集」であった。「第二集」は一九六四年十二月モームの『人間の絆』で完結、同月ドストエーフスキイの『白痴（一）』で「第三集」がスタートする。今回は、重複もこの月のみで、スムーズな展開のようであるが、次章で述べるように、実はこの年に〈豪華版〉という新たなシリーズが既に刊行を開始していた。「第三集」も、ホメロス、ダンテやラブレー、それに『ラーマーヤナ』を入れるなど古典主義は健在であったが、補遺の補遺のようなものであり、やや目玉に乏しい印象は拭えない。その代わりブレヒトなどにもたっぷり紙幅が割かれ『カール・リープクネヒトのための墓碑銘』『ローザ・ルクセンブルクのための墓碑銘』などが収載されているのが懐かしい。懐かしいと言えば、矢口進也も指摘しているように、(15) モランテの『禁じられた恋の島』が収載されたのは映画化の絡みであるが、この映画のテーマ曲をはじめ、「死ぬほど愛して（刑事）」「ブーベの恋人」「誘惑されて棄てられて」など、六〇年代前半はカルロ・ルスティケリの音楽と共にあったことを思うと、感慨新たなものがある。

内容の検討でやや先走ってしまったが、ここでこの『〈小型版〉世界文学全集』の名称の問題に戻りたい。

今日我々が〈グリーン版〉と呼んでいる河出書房の『世界文学全集』は、当初からの名称ではなかったのであった。刊行当初はどう呼ばれていたかというと、固定的な名称はなく、単純に「世界文学全集」と呼ばれるか、そうでなければ「河出版　世界文学全集」「小型版　世界文学全集」「コンパクト版　世界文学全集」などと様々な呼ばれ方をしていたのであった。

名称の揺れは、目録類にも影響を与えている。一九六五年十月発行の『全集叢書総覧』（四訂版）では「世界文学全集（小型版）コンパクト版　四八・別七　河出書房新社　昭和三四　三二〇円」と「河出版世界文学全集（第一集）五五　同　昭和三七　三二〇円」と重複して掲出されている。言うまでもなくこの二つは同じもので、冊数を本巻四八冊と別巻七冊に分けるか合計五五冊とするかで別データと認識されたものであろう。刊行年次の相違は、第一回配本を取るか最終回配本を取るかの相違である。因みに、六五年の時点では、第二集全二五冊も完結しているから、こちらも掲出されている。ただ第二集の方は重複掲出されず、「河出版世界文学全集（第二集）」一つに纏まっている。

名称は類似する別種のものとの差異性を強く認識させるものであるから、最初は、他社の全集と区別するために、社名を冠した〈河出版〉という言い方が最も多いようである。長期間にわたって帯に使用されたのもこの名称である。同時に、二節で述べたごとく、全集の小型化という時代背景があったから〈小型版〉〈コンパクト版〉という名称も使用された。挟み込みチラシの新刊案内などでは、文字数が制限されるから、〈小型版〉の名称が使われることがほとんどであった。対して、内容見本では、印象的な〈コンパクト版〉という言い方がなされた。今、この〈小型版〉のいくつかの内容見本を見てみると、「第一集別巻」「第一集完結記念」の際のものでは〈コンパクト・サイズ〉と記され、

「第二集」の内容見本では〈コンパクト版〉と記述されている。〈グリーン版〉の呼称は、「第二集」が完結した段階でもなお使われた形跡がない。かくして、「第一集」「第二集」が完成しても、この『〈小型版〉世界文学全集』はまだ〈グリーン版〉との名称を獲得するには到らないのであった。

それでは〈グリーン版〉という呼称が公の形で登場するのは一体いつであるのか。社内的にはともかくも、公に知らされるのは宣伝媒体の形をチェックするのが的確であろう。幸い、毎月配本される『世界文学全集』には、その月の新刊案内が挟み込まれているので、これによって、月単位の追跡が可能になる。

第三集の配本が始まっても、挟み込みチラシでは相変わらず〈小型版〉と記されていた。この状態は、リルケの『マルテの手記』などを収載する、六五年七月の第三集第八回配本まで続いている。これが翌月の一九六五年八月の第九回配本ゾラの『ナナ』の案内のチラシに初めて〈グリーン版〉の名前が見える。高水準の全集に相応しい、鮮やかな装丁、それに最も相応しい名称が公的に示されたのは、全集の刊行開始から六年が経過しようとするころであった。もちろんこれ以降はこの名称に完全に統一されていく。最終的に全一〇〇冊になる〈グリーン版〉のシリーズはすでに約九〇冊を出し終えた段階であった。〈グリーン版〉の呼称は意外に遅い誕生であったのである。

次章で詳しく検討するが、河出書房では前年六四年から〈豪華版〉という愛称を冠したシリーズの刊行を開始していた。自社の別シリーズと区別するためには、社名を冠した〈河出版〉は不適当である。〈豪華版〉は造本内容に関わる愛称であったから、〈小型版〉〈コンパクト版〉という判型に由来する名称もまた、〈豪華版〉と並称するにはバランスが悪かろう。さらに、この翌年六六年正月から〈カラー版〉が刊行されるが、これも六五年夏頃には計画が進んでいただろうから、これらと並称するにふさわしい名称が模索されていたにちがいない。かくして造本の特徴を最も良く示している〈グリーン版〉という名称がたぐり寄せられたのである。

おわりに

こうして、〈グリーン版〉という名称は誕生したが、一方で派生した問題がある。『世界文学全集』の方を〈グリーン版〉という名称にすれば、ほぼ同じデザインながら、色違いの造本であった〈ワインカラー版〉の『日本文学全集』は、最早姉妹版とはいえなくなる。もともと「古代から現代までの古典・新古典を厳選[16]」という、〈ワインカラー版〉の方針は理想にあふれたものであったが、全二五巻中、古典が一三巻では営業上は苦戦したのではないか。古典離れが次第に進むとすれば、〈ワインカラー版〉の重版と言うこともあまり意味がないであろう。かくして〈ワインカラー版〉を絶版にして、あらたに姉妹版の『〈グリーン版〉日本文学全集』を刊行するという方針が確立されたものと思われる。判型で小・中・大と、見事に棲み分けて見せた〈グリーン版〉〈豪華版〉〈カラー版〉であるから、小型サイズの『〈グリーン版〉日本文学全集』は、河出書房の全集の隊列に加えることが是非とも必要な叢書であった。しかも、『〈グリーン版〉世界文学全集』は順調に版を重ね、ロングセラーとして一つのブランド力を形成し始めていたと思われるから、河出書房としてもこの名称を極力利用したかったに違いない。

河出書房は『日本文学全集』という名前の叢書では、古典の現代語訳と近代文学を兼備するという見識を持っていたが、それでも時代の流れには抗しきれず、〈ワインカラー版〉（二五冊のうち一三冊）、〈豪華版〉（五四冊のうち一〇冊）、〈カラー版〉（五七冊のうち七冊）と次第に古典の比重を軽くしていった。(17) 恐らく、他社のように近代文学のみの『日本文学全集』へと踏み切る機会を窺っていたであろう。二つのもくろみが一致し、河出書房としては、大ヒットした〈グリーン版〉のイメージを利用して、更に清新な日本文学の全集の企画が進むことになった。

かくして六七年六月の漱石・湖人の二冊同時配本を皮切りに、『〈グリーン版〉日本文学全集』の刊行が開始される。同時に河出書房は宣伝に吉永小百合を起用し、三万人に商品が当たる「河出グリーンまつり」という大キャンペーンを開始した。『〈グリーン版〉日本文学全集』の内容は、定番の島崎藤村・夏目漱石・谷崎潤一郎を重視したほか、『次郎物語』の全巻採録で下村湖人に二冊を割り当てたほか、武者小路実篤・山本有三・石坂洋次郎にも二冊を割いているのは、高校生あたりを主要読者と考えたのであろう。「若い読書家のための本格的な《普及版》」「これだけ読めば若い人の教養は

OK」(18)と、河出書房の意図は明確である。

このような経緯で〈グリーン版〉という名称は確定し、六七年には『日本文学全集』の刊行が開始された。河出書房としては、〈グリーン版〉のブランド力ということもあり、満を持してという気持ちであっただろう。ただ積極的に新しい企画を投入する方針は、当然過剰な設備投資となり、河出書房を次第にむしばみ始めていた。『〈グリーン版〉日本文学全集』も救世主とはなれず、一〇冊程度を刊行した六八年春に河出書房は再度の経営危機に追い込まれる。所謂河出事件である。そのことについては、第四章で検討してみるが、その前に、〈グリーン版〉とともに六〇年代の河出書房を支えた〈豪華版〉と〈カラー版〉について見ておこう。

第三章 〈豪華版〉と〈カラー版〉の展開

はじめに

本章では『〈豪華版〉世界文学全集』と『〈カラー版〉世界文学全集』を中心に、同じシリーズ名の『日本文学全集』にも目を配りながら見ていくこととする。〈豪華版〉〈カラー版〉という名称は、爛熟する六〇年代中期から後期にかけての日本の経済や文化を象徴するようなものであるが、同時にそれは河出書房の出版も爛熟期を迎えていたことを示している。もっとも、これらの派手な名称に目を眩まされがちであるが、『〈豪華版〉世界文学全集』の編集の妙などをきちんと検証しておく必要があるだろう。〈豪華版〉や〈カラー版〉があのように大量の読者を獲得することができたのは、それだけの内容をこれらの叢書が持っていたからである。

あわせて、河出書房の特徴でもある異装版の問題などについても考えてみよう。

一　『〈豪華版〉世界文学全集』

一九六四年六月、〈グリーン版〉（前章で見たように、この時はまだこの呼称は確定していない）の「第一集」は完結、「第二集」の配本も順調に進み、全体では七〇冊以上の配本を終えた段階で、河出書房は新しい『世界文学全集』の企画を発表する。〈河出版〉〈小型版〉〈コンパクト版〉と略称が定まらないまま配本を続けていた〈グリーン版〉とは対照的に、今回は最初から〈豪華版〉という愛称を明示した。

一九六四年は、言うまでもなく東京オリンピックが開催され、日本の高度成長の歩みの中でも節目となった年である。大型耐久消費財の普及も徐々に軌道に乗り始めたころで、日本国民が様々な形で豊かさを享受するようになってきた。河出書房は、そのような時代の空気をいち早く感じ取ったのか、全集もコンパクトな手軽なものから、やや大きめの豪華な造本へと徐々に軸足を移していく。そのあたりの嗅覚のようなものは、今振り返っても卓抜したものを感じ取ることができる。

『〈豪華版〉世界文学全集』は四六判で、〈グリーン版〉より一回り大きい。亀倉雄策の装丁は、表紙にも金箔を多用した美麗なもので、名称にふさわしい「豪華」な造本であった。

六四年六月、七月の、当初の二回の配本はミッチェルの『風と共に去りぬ』であった。〈グリーン版〉別巻での大成功を受けて、今回は最初の配本に起用したのである。竹内道之助の三笠書房の全集以外で、この作品を最初に持ってくるのは大英断であったと思われる。河出書房は一九五三年の〈決定版〉時も、『風と共に去りぬ』の前に、文豪トルストイの『アンナ・カレーニナ』をトップ・バッターに起用している。アンナ・カレーニナからスカーレット・オハラへの変更は、この十年の間の読者意識の変化を明瞭に感じ取った上での選択であったかもしれない。〈豪華版〉では『風と共に去りぬ』に次いで、『ジェイン・エア』『車輪の下』『ジャン・クリストフ（一）（二）』と進んでいくのだが、これら、いわば青春文学とでも言うべきものを集中させたのは、かなり若い読者層を意識していたのではなかろうか。前年、一九六三年に刊行を開始した中央公論社『世界の文学』の第一回目からの配本が『罪と罰』『赤と黒』『復活』『女の一生』と旧来型の展開をしていったのと比べるとその相違は明白である。ともあれ、結果的に大成功を収め、当初の五回の配本の合計が、一九六四年の年間ベストテンの第四位を占めている。出版史の方では『愛と死を見つめて』（と『若きいのちの日記』）の一九六四年として記されているであろうが、もう一つ『〈豪華版〉世界文学全集』の年としても記憶されるべきである。[1]

第五回、六回配本の『ジャン・クリストフ』に、それぞれ「エリーゼのために」「月光」のソノ・シートを付録として付けたのも、売り上げ向上に寄与したかもしれない。当時の河出書房の全集には、洒落た壁掛け用絵画（『〈カラー版〉世界文学全集』）や絵葉書（『〈カラー版〉日本文学全集』）などが付録として付くことがあり、それもまた魅力の一つであった。ここでは、ソノ・シートが時代を表しているし、後にLPレコードとセットになった『世界の音楽』で、講談社の同企画と競合するや、語り継がれるような大宣伝合戦を行い、そのマス・セールスが結果的に河出書房を経営的に追い込んでいったことを考えるとやや複雑な思いもある。(2)

さて、〈豪華版〉も、先行する〈決定版〉や〈グリーン版〉同様に、編別編集である。ただ〈決定版〉が「第一期」「第二期」などという名称であったのに対して、〈グリーン版〉や、今回の〈豪華版〉は「第一集」「第二集」という命名であった。「集」は作家名に付けて「トルストイ集」などと使用されることが多く、一つの全集に複数冊が収載される大文豪では「トルストイ・第一集」「トルストイ・第二集」とも使われるから、従前の「期」に比べるとやや分かりにくい憾みがある。

名称のわかりにくさはさておき、今回注目すべきは、安定した編集ぶりである。〈豪華版〉は、「第一集」「第二集」共に二五冊で、合わせると五〇冊と整然とした編集である。五〇年代の〈決定版〉は最終的には、「第一期」から「第三期」まですべて二五冊と統一がとれていたように見えるが、〈決定版〉刊行当初の予定は「第一期」二四冊であったのである。〈グリーン版〉も、最終的には全一〇〇冊に落ち着いたが「第一集」は四八冊と別巻七冊、「第二集」は二五冊、「第三集」は二〇冊と、各集の冊数にばらつきがあった。次項で述べる〈カラー版〉も増巻の方法はあまりバランスが良くない。それらに比べるとこの〈豪華版〉の計画性が際だったものとして浮かび上がってくる。

冊数のみならず、編目も整然としたものがある。「第一集」「第二集」の両シリーズ共に第一巻がシェイクスピアから始まるというのも、いかにもこの種の全集らしく整えられている。第三巻はいずれもスタンダールで「第一集」が『赤と黒』、「第二集」が『パルムの僧院』など、第四巻もまた共通してバルザックの巻で「第一集」が『谷間の百合』など、「第二集」が『従妹ベット』であった。大長編を複数持つ文豪トルストイとドストエーフスキイは最初から、作品の棲み分けが考えられていたと思しい。すなわち、「第一集」にはトルストイは『アンナ・カレーニナ』、ドストエーフスキイは『罪と罰』、「第二集」には『戦争と平和』と『カラマーゾフの兄弟』が収録されている。このように「第二集」にも目玉となる名作中の名作を配しているのである。このころ人気の高かったヘミングウェイは『誰がために鐘は鳴る』（第一集）『武器よさらば』（第二集）と分かれている。同一の作家ではないが、若い世代の広範な支持を得ていたヘッセとジイドを「第一集」と「第二集」に分離したのもやはり棲み分けと見て良かろう。

〈決定版〉の八〇冊、〈グリーン版〉の最終形態の一〇〇冊に比べれば、五〇冊という冊数では窮屈な編集を強いられた。そのため〈豪華版〉は、十九・二十世紀の作家を中心にするという選択をしたようだ。この冊数で各時代をバランス良く収めるのは無理であり、近現代に思い切って比重をかけたことによって、すっきりとまとまりのよい全集となった。従って、それ以前の部分が少ないのはやむを得ないだろう。近現代の名作と人気作をバランス良く収載しており、中規模の世界文学の叢書としては、六〇年代を代表するものとして位置づけて良いのではないかと思われる。また五〇冊の中に、ロマン・ロランの大長編が、『ジャン・クリストフ』（第一集）『魅せられたる魂』（第二集）と合計四冊を費やして収録しているのは一つの見識を示したものとして高く評価したい。

『〈豪華版〉世界文学全集』は、ともすればその装丁の華やかさや、付録に代表される宣伝の妙に目が奪われがちで、〈豪華版〉という派手な名称のために誤解をされている面もあるが、作品選定など極めてよく考えられた高水準の全集なのである。当初五回分の配本が年間ベストテンの第四位にまで食い込んだのは、当然のことながらその水準の高さもまた読者に支持されたからである。かくして〈豪華版〉には、『〈第一次〉世界文学全集』以来培ってきた河出書房の力が遺憾なく発揮されているといえよう。

二 『〈豪華版〉日本文学全集』と『〈豪華愛蔵版〉世界文学全集』

『〈豪華版〉世界文学全集』の均衡のとれた編集に見られた姿勢は、世界文学と日本文学の全集をきっかり一年の間隔を置いてスタートさせる整然とした計画にも通じる点がある。『〈豪華版〉世界文学全集』の大躍進からちょうど一年後の六五年六月に、シリーズ名も共通する『〈豪華版〉日本文学全集』の配本を開始する。全集もの、シリーズものは配本が進むにつれて発行部数が低下するから、(3)そのことへの対処が必要である。全巻予約者に特典を付けるかたちで、全巻購読者数を確保しておくのが良いが、完全予約出版でない以上それにも限界があろう。期間を限って記念特価を設定するという方法もあるが、その期間もいたずらに長くすることはできない。六五年七月から刊行を開始した『〈豪華版〉日本文学全集』は、刊行を開始して一年目一二冊の配本を終えてやや伸び悩みを見せ始めていたであろう『〈豪華版〉世界文学全集』にとって、一種のカンフル剤になったのではなかろうか。

新シリーズの『〈豪華版〉日本文学全集』が大々的に宣伝されれば、自然に姉妹版の『世界文学全集』にも目が行くだろう。日本と世界の全集を同じ〈豪華版〉で揃えようという気持ちになる購買予定者も多かったに違いない。「揃ったものは人を誘う」というのは、紀田順一郎の著書で使われているものであるが、至言である。全集やシリーズものは、新しい企画が発表された段階が一番インパクトが強く、それ以降は自然減は避けられないものである。それを姉妹編の企画でテコ入れを行った形となった。もちろん、相乗効果であるから、『〈豪華版〉世界』の知名度に『〈豪華版〉日本』が助けられた側面もあったに違いない。

さて、『〈豪華版〉日本文学全集』は、六五年六月の与謝野晶子訳の『源氏物語』からスタートさせる。近代文学ではなく日本古典の『源氏物語』からというのはやや古めかしい印象を与えられるかもしれないが、古典文学をも包摂しようとしている河出書房の姿勢を評価すべきであろう。(4)「日本文学全集」という名称は、もともと近代日本文学に限定されるものではないが、新潮社の企画以来、ともすれば「近代日本」の「文学全集」の色彩が強くなってしまった。古典文学と近代文学を敢えて共存させているのは、この頃では河出書房のみなのである。『〈豪華版〉世界文学全集』の第一回配本に『風と共に去りぬ』を起用したように、読者の潜在的な欲求をかぎ分ける河出書房の嗅覚は卓抜したものがあり、思い切った方針転換を行う決断力も卓越していた。従って『源氏物語』を第一回配本に持ってきたのは、古い教養主義ではなく、この作品こそが、若い読者にとっても日本文学の代表として受け入れられやすいと判断したのであろう。

『〈豪華版〉日本文学全集』は『〈豪華版〉世界文学全集』と同様に、「第一集」「第二集」に分けて刊行された。前者は二九冊、後者は二五冊と、冊数はやや揺れが見られる。「第一集」も二五冊に抑えたなら、〈豪華版〉の世界と日本の文学全集で、各集二五冊、全体で一〇〇冊の統一のとれた形になっただろう。近代文学のみであればそれも可能であっただろうが、『〈豪華版〉日本文学全集』の「第一集」の冊数がふくらんだのは、古典文学をも収載しようとしたことによるのかもしれない。あるいは『〈豪華版〉日本文学全集』の方は、『〈豪華版〉世界』の行き方とは異なって、当初の二九冊でまとめるつもりで、「第二集」の計画はほとんどなかったのではないかとも思われる。それは「第一集」と「第二集」の作品選定がややアンバランスではないかと思われることによる。「第一集」と「第二集」に共通して取られている作家を見てみると、『夜明け前』『細雪』という大作が残っていた島崎藤村や谷崎潤一郎の場合は「第二集」でも全く遜色ないが、志賀直哉の『大津順吉』『和解』『過去』等々という作品配列はやや地味であろうし、『晩年』『津軽』『お伽草紙』の太宰治も傑作ではあるがインパクトに乏しい。結局、「第一集」で『暗夜行路』『城の崎にて』『小僧の神様』や『人間失格』『斜陽』などをすべて使い切ってしまっているからである。「第一集」に『伊豆の踊子』『雪国』『千羽鶴』『山の音』をまとめて収載してしまった川端康成は、長編ではあるがやや通俗的な『女であること』を柱に据えざるを得なかったのである。ともあれ『〈豪華版〉日本文学全集』の「第二集」は作品的には魅力的なものがやや少なく、苦しい編集であったといえよう。それは「第一集」に目玉となる作家や作品をすべて投入してしまったことによる。二五冊ではなく、二九冊で出発という点からも、そうした事情が伺えるようである。

さて、これまでも見てきたように、河出書房は一つの全集が纏まると、様々な形で異装版を刊行してきた。『豪華選』や『学生版』のように、一部の巻冊を抜き出しての改編・改装版の場合もあるし、〈決定版〉「第一期」のみの天金の〈豪華特製版〉や、〈決定版〉全八〇冊を一括配本した〈特製豪華版〉もあった。『〈豪華版〉世界文学全集』でも、その路線が継承された。

『〈豪華版〉世界文学全集』の「第一集」は六六年六月に完結、翌七月から「第二集」の配本が開始される。「第一集」も広範な読者を獲得したが、〈豪華版〉未購入の読者にねらいを絞り、装丁を改めて〈豪華愛蔵版〉なるものを六七年から刊行した。「第一集」全二五冊を巻序などは全く改めずに全冊収載し、造本のみの変更である。函は元版と一部の色違いにして〈豪華愛蔵版〉と記し、表紙は赤と黒を基調にした落ち着いたデザインに改めた。背の部分を比較すると、共通性と差異性がはっきりする。装丁は共に亀倉雄策である。

『〈豪華版〉日本文学全集』も同様に、「第一集」完結後に『〈豪華愛蔵版〉日本文学全集』が刊行されるが、こちらは二九冊を二五冊に編纂し直しての刊行である。河出書房もどこかでこの冊数の問題については気にしていたのかもしれない。或いは、世界と日本の〈豪華愛蔵版〉を二五冊ずつ、合計五〇冊ということでまとめようとしたのかもしれない。猶、世界文学の方にせよ、日本文学の方にせよ、〈豪華愛蔵版〉の名称が記されているのは外函のみであるから、図書館などの書誌情報にはこの名称はほとんど出てこない。ただ元版の〈豪華版〉とは明らかに装丁が異なっているから、厳密に区別する方途が考えられなければならない。

三　『〈カラー版〉世界文学全集』

戦後の日本人に最も愛された外国人映画俳優が、オードリー・ヘプバーンであることは誰しも異論のないところであろう。小説にまでその熱狂ぶりが「ダフ屋の切符を買って入るしかない(5)」とまで描写された『ローマの休日』は別格としても、それ以外にも『麗しのサブリナ』『ティファニーで朝食を』『噂の二人』『シャレード』等々、誰もが自分にとってのオードリーのこの一作を持っているのではなかろうか。

そのオードリー・ヘプバーンが、アンドレイ・ボルコンスキーに夫君メル・ファーラー、ピエール・ベズーホフに名優ヘンリー・フォンダを相手に、ヒロインのナターシャ・ロストワを演じたのが、一九五六年の米伊合作の文芸大作『戦争と平和』である。トルストイの大長編を思い切って刈り込み、スクリーンに巧みに移植して、名作映画との評判を勝ち取っていた。文芸作品の映画化の中でも成功したものの一つであろう。その名声を一挙に過去のものにしてしまったのが、ソビエト・モスフィルムの『戦争と平和』であった。戦闘場面の息をのむような迫力と広がり、舞踏会の場面の豪華絢爛な奥行き、至る所に六〇年代半ばのソビエト連邦の底力を十二分に示したものであった。約一二万人のソビエト正規軍をはじめ六〇万人近くが参加したとか、二五〇点以上の国宝クラスの美術品を使用したとか、制作費・製作日数の大きさが喧伝されたが、決して大味な作品ではない。スペクタクル的な要素は確かに耳目を集めたが、繊細な演技を支えたキャストもすばらしく、監督兼任でピエールに扮したセルゲイ・ボンダルチュクの重厚な演技、アンドレイを演じたヴァチェスラフ・チーホノフの気品、クトゥーゾフ将軍のボリス・サハーバの年輪、しかし何よりもナターシャのリュドミラ・サベーリエワの可憐さが、世界中を魅了した。一九七〇年のイタリア映画『ひまわり』に出演したときは、日本では主役のソフィア・ローレンとマルチェロ・マストロヤンニを抑えて、リュドミラ・サベーリエワが最も人気を博したほどである。

映画『戦争と平和』の公開と時期を合わせたかのように、六六年一月から、河出書房の新企画『〈カラー版〉世界文学全集』がスタートする。第一回配本『戦争と平和（一）』の帯には、オードリーとヘンリー・フォンダの旧作の写真があしらわれ、第二回配本『戦争と平和（二）』の帯には、日本での公開間近のソビエト映画の一場面が使われ、新旧の『戦争と平和』の競作となったのである。パラマウント版はソビエト版の日本公開に先だってリバイバル公開されていたから、オードリーのナターシャによって『戦争と平和』のブームに火がつき、ソビエト映画の公開によって『戦争と平和』人気は頂点に達した。六六年半ばに公開されたソビエト映画は、約一年間で二二〇万人を動員し、(6)〈カラー版〉第一回配本は一か月で三〇万部を売り上げ(7)、結局『戦争と平和』の第一回配本のみでこの年のベストセラーの第七位に食い込む大健闘を見せたのである。映画に牽引されて文学が多くの読者を獲得し、映画の方も「おりからの文学全集ブーム(8)」に支えられ、幅広く迎えられたのである。

この頃の、映画と文学全集との関係については、たとえば『キネマ旬報』が特集を組んでいるくらいであり、河出書房は六〇年代の文学全集では、これを巧みに利用したが、〈カラー版〉はその中でも特に際だっていた。当初の一〇回の配本を見ると、二冊の『戦争と平和』の後は、『風と共に去りぬ（一）（二）』（ビビアン・リー、クラーク・ゲーブル）、『誰がために鐘は鳴る』（ゲーリー・クーパー、イングリッド・バーグマン）、『嵐が丘』（ローレンス・オリヴィエ、マール・オベロン）、『赤と黒』（ジェラール・フィリップ、ダニエル・ダリュー）『罪と罰』（ロベール・オッセン、マリナ・ヴラディ）、『女の一生』（マリア・シェル、クリスチャン・マルカン）等々、日本人にとってもなじみの深い映画の一場面を帯やしおり（月報）に使用し、浸透を図ったようである。

さて、〈カラー版〉は河出書房としては久々の大型の『世界文学全集』であり、六〇年代に入って、小B六判の〈グリーン版〉から、四六判の〈豪華版〉へと判型の拡大が図られてきたが、菊判の〈カラー版〉で頂点に達することとなる。菊判は五〇年代の〈決定版〉以来となる。

亀倉雄策の装丁も大型本に相応しい豪華なものであった。亀倉は〈豪華版〉でも装丁を担当しているが、今回の〈カラー版〉の方が、美麗にかつすっきりと仕上げられている。黒地に金の横線を配したシンプルなデザインだが、それだけに飽きの来ない仕上がりで、風格を漂わせている。造本も大型本であるだけに、開閉の際ののどの強度などに配慮され、「堅牢な造本」で「これまでの丸背と角背の中間で読みやすく耐久力も従来の二～三倍」(9)として宣伝されていた。実際このシリーズを愛読した筆者の経験に照らしても、造本の強度は繰り返しの繙読に耐えるものであったが、ビニールカバーが破損したり、はずしたりした時は、表紙に使用された金粉が汗ばむ夏などには手に付着するなどという、豪華な装丁故の思いがけぬ問題があった。

さて、六六年一月にスタートした〈カラー版〉であるが、当初は全三八巻別巻二巻の合計四〇冊であった。〈豪華版〉の「第一集」「第二集」を合わせた五〇冊よりは少ないが、四六判から菊判になった分一冊の収容力が大きくなり、〈豪華版〉では独立していたブロンテ姉妹の『ジェイン・エア』とかろう。

『嵐が丘』が一冊にまとめられるなど、容量的には〈豪華版〉五〇冊に近いものがあったと考えて良

内容的には〈豪華版〉が十九、二十世紀の作家に力点を置いたのに対して、〈カラー版〉の場合は、そのような特色を見いだすことができない。〈豪華版〉はシェイクスピアから始まっていたのであるが、〈カラー版〉は第四巻にシェイクスピアを繰り下げ、その前に、ホメロス、ダンテ、曹雪芹の三冊を配していることに象徴されるように、古典文学にもウィングを広げた。そのためにやや総花的に過ぎた憾みがあったかもしれない。四、五〇冊程度の中規模な全集であれば、〈豪華版〉のように、思い切って絞り込んだ編集があった方がよいのではないか。古典から現代までを俯瞰するには、〈決定版〉や〈グリーン版〉のように、八〇冊から一〇〇冊程度の冊数を必要とするであろう。

窮屈な編集ではあっただろうが、ホメロスからサルトルまでを含み、このシリーズのみで一通りは世界文学の名作を読むことができるようになっている。曹雪芹や魯迅・老舎の冊を設けるなど、欧米のみに偏ることもなかった。別巻二冊は、詩と戯曲でそれぞれ一冊ずつ編むなど、小説一辺倒でもなく、バランス感覚にも優れていた。〈豪華版〉との比較に絞れば、ヘッセの『春の嵐』ジイドの『アンドレ・ワルテルの手記』を収載できたのが収穫で、判型を大きくした、いわばスケール・メリットの効果が現れたものである。

次章で述べる、いわゆる河出事件を挟んで、〈カラー版〉は増巻がなされる。当初の四〇冊に対し

て、一二冊のみの増巻であるから、〈グリーン版〉や〈豪華版〉のように「第二集」と呼ばれることはない。巻序は追加された一二冊を別巻の前に置き全五〇巻として、これに別巻の二冊を加え、最終的には五二冊となる。『花咲く乙女のかげに』のみでもプルーストが入ったのは有り難かったし（河出書房はプルーストを増巻の目玉の一つと考えたか、最初の配本に持ってきている）トーマス・マンやフォークナーも読むことができるようになった。文豪トルストイとドストエーフスキイなどの別の作品を追加する一方、血沸き肉躍る大長編『レ・ミゼラブル』も加えられた。当時の河出書房のヒット作であった『千夜一夜物語』の〈バートン版〉の一部を繰り入れたのも注目される。総じて増巻のバランスも悪くはないが、トルストイの『復活』など、当初の書目になかったために、別途〈グリーン版〉で購入した筆者などは、割り切れぬ思いが残ったのも事実である。

四　『〈カラー版〉日本文学全集』

今回も、『〈カラー版〉世界文学全集』の刊行開始から丁度一年後、姉妹編の日本文学の同じシリーズの配本が始まる。『〈カラー版〉日本文学全集』である。第一回配本は〈豪華版〉と同じく、与謝野晶子訳『源氏物語』である。このような全集の場合、第一回配本が全集の顔であるから、清新さを出すためには異なる作品を選ぶのが自然である。河出書房の『世界文学全集』の場合、〈決定版〉が

『アンナ・カレーニナ』、〈グリーン版〉が『赤と黒』、〈豪華版〉が『風と共に去りぬ』、〈カラー版〉が『戦争と平和』とすべて異なっていた。また第一回配本は最も多くの部数を販売することが多いから、後続の別シリーズで、同じ作品を第一回配本に持ってきても、さらに多くの購読者を掘り起こすのはやや困難である。ところが、河出書房は『日本文学全集』の場合、〈ワインカラー版〉〈豪華版〉〈カラー版〉と、頑固なまでに第一回配本に『源氏物語』を起用し続けたのである。

その結果はどうであったか。予想以上の大成功を収めたのであった。河出書房自身の言によると、上巻は「発売一ヶ月で三十万部突破という記録的な売行き[10]」であったという。一年前の『〈カラー版〉世界文学全集』の第一回配本『戦争と平和』に匹敵する大健闘で、河出書房の企画力・宣伝力の圧倒的な勝利であった。もちろん広報の力はあくまでも下支えしたものであり、高水準の全集を編纂したこと、最高の文学作品を提供したことこそが、好評裡にこの全集が迎えられた最大の理由であろう。同時に、愚直と言っても良いくらい『源氏物語』を第一回配本に起用し続け、この日本を代表する古典の潜在的な読者を掘り起こした文化史的意義は極めて大きい。

『〈カラー版〉日本文学全集』の当初の企画は、古典文学が六冊、近代文学が三三冊の計三九冊、これに別巻として『現代名作集』と『現代詩歌集』の二冊が加わる。『〈カラー版〉世界文学全集』の三八冊・別巻二冊よりも、一冊多い構成である。

全体の冊数は完全に一致とはいかなかったが、装丁の方は、『〈カラー版〉世界文学全集』と完全に同じデザインの色違いで、シリーズとしての統一性が見事に保たれた。『〈カラー版〉世界文学全集』は、黒地に金のストライプ、背表紙は赤地に金文字で作品名であったが、『〈カラー版〉日本文学全集』の方は、赤地に金のストライプ、背表紙は黒地に金文字で作品名と、赤と黒の見事な対応を見せた。二年前の〈豪華版〉が『世界文学全集』と『日本文学全集』では、デザインが異なっていたのが惜しまれたから、今回は最初から装丁の統一性に意を用いたのであろう。装丁を担当したのは〈豪華版〉と同じく亀倉雄策であった。

『〈カラー版〉日本文学全集』は後に一四冊の増巻がなされる。『〈豪華版〉日本文学全集』同様に、刊行当初は増巻の予定がなかったのではないかと思われ、増巻の『夏目漱石（三）』は『夢十夜』『明暗』はともかく、『倫敦塔』『道草』はやや地味な選択であった。『島崎藤村（三）』は『春』『新生』だが、『春』はできれば『藤村（一）』の『桜の実の熟する時』と抱き合わせにして欲しかったところ。それでも戦後派作家を大幅に補ったのは実に適切な判断で、中村真一郎『死の影の下に』福永武彦『忘却の河』堀田善衛『広場の孤独』を一冊に収めた第四九巻などは、実に読み応えのあるものであった。

おわりに

本章では、〈グリーン版〉と共に、六〇年代の河出書房を支えた〈豪華版〉〈カラー版〉について、振り返ってみた。〈グリーン版〉から〈豪華版〉〈カラー版〉への展開は、そのまま高度成長期の日本の勢いを示すようなものであった。文化や出版も量的拡大へと進んだことが、判型の拡大に通じる部分があったかもしれない。

さて、そのようにして行き着いた〈カラー版〉の場合は、『世界文学全集』『日本文学全集』第一回配本の記録的な伸びもあり、文学全集の枠を越えて広がりを見せることとなった。このころ河出書房は、『〈カラー版〉国民の文学』『〈カラー版〉少年少女世界の文学』をはじめ、『世界の歴史』『世界の旅』『故事シリーズ』『千夜一夜物語』『三国志』など、〈カラー版〉を冠したシリーズを立て続けに刊行してゆく。このような急速な拡大路線がたたって、六八年前半に河出書房は経営破綻の危機を迎える。〈豪華版〉〈カラー版〉もまだ配本途中の段階であった。一方で数々の企画を成功させ、ベストセラーも輩出した中での経営破綻は「河出事件」とも呼ばれる大事件であった。次章では、この問題を、当時の河出書房の文学全集の側から検証してみたい。

第四章　文学全集からみた河出事件の背景

はじめに

出版ニュース社の刊行する『出版年鑑』は、出版文化史の基礎資料であるが、この年鑑には、毎年「出版・読書界十大ニュース」という項目がある。前年一九六八年のデータが記された六九年版（六九年五月刊行）には「この一年を通じてみるとき、文句なしにあげられたのは、河出事件であった」と記し、十大ニュースのトップとして次のように記述されている。

一、河出事件おこる

一出版社の危機が、これほど出版界をゆさぶった出来ごとはめずらしい。文学全集、美術全集、音楽全集をはじめ、出版におけるマスプロ・マスセールの最先端で派手な活動をつづけていた河出書房が、四月末の資金繰りがつかないため、倒産の一歩手前に追い込まれた。同社の倒産が業界内外に及ぼす影響は大きく、講談社と大手取り次ぎが緊急に資金を一時調達して倒産はまぬがれ、ついで会社更生法の適用を得て再建の第一歩を踏み出した。

本章は、この河出事件に至る経緯を、同社の刊行する文学全集類の側から照射してみようとするものである。五〇年代半ばから一種のブームとなった文学全集は、戦後の文化・教養や、読書と読者の関係を考えるときに、欠かすことのできない存在である。この文学全集の分野で、黄金の六〇年代を走り抜け、遂には力つきて倒れたのが河出書房である。河出書房の倒産騒動は、広範な読者に支えられていた文学全集が次第にその基盤を失っていく予兆のようなものであるが、それだけに登り詰めた瞬間の空虚さと、弾け散る直前の最後の光芒のようなものを看取することができる。その意味で、本章は、何かに追い立てられるように慌ただしく走り、そして倒れていった河出書房の文学全集類に対する弔鐘でもある。

猶、本章では特に、価格の問題に積極的に言及した。定価以外に特価が設定されている場合も多く、やや煩瑣と思われるが、それらも総合的に分析した。全集の場合、当初の企画が変更されたり、定価以外に発売記念特価などが設定されることも多かった。後年作成された出版史のデータでは、完成時の巻数や、定価で記されることが原則であるが、それらは必ずしも発行当時の状況を正確に伝えているとは限らないからである。

一　判型の異なる文学全集の鼎立

文学全集を中心とした河出書房の出版活動が一つの山場にさしかかるのは、東京オリンピックの年、一九六四年である。この頃河出書房は、後年〈グリーン版〉と呼ばれるようになる、装丁も内容も高水準の小B六判の『世界文学全集』を刊行中であったが、この全集より一回り大きいサイズの四六判の『世界文学全集』を〈豪華版〉と銘打って発売する。

一つの企画が未だ完結に至らないうちに、同じジャンルの同様の企画をスタートさせ競わせるのは、河出書房がこれまでにも何度か行ってきたことであった(1)。

全集や叢書の企画は、配本が進むにつれて売れ行きが自然に次第に落ちてくるものであるが(2)、そこに同じ出版社から類似の、新鮮な企画をぶつけられるのであるから、先行する全集は大きく負荷をかけられることになる。しかし、出版社としては二つの企画の和の利潤が、単独の利潤より大きければ、意味があると考えるのである。いわば利益追求が、個別の、特に先行する全集の普及よりも優先された形であるが、六四年の〈豪華版〉の参入は多少色彩が異なっていた。

それは一つには、先行する小B六判の全集、すなわち〈グリーン版〉(3)が上述したように高水準の全集であったために、後発の全集の影響をあまり受けずに一定の販売部数を確保、最終的にはロングセラーとして同社の看板商品となったことである。もう一つは、新旧の全集の棲み分けが見事に成功した事による。〈グリーン版〉が小B六判の清楚だがコンパクトな全集であったのに対し、今回の〈豪華版〉は、天地左右共に一、二cmずつ大きな中型サイズで、表紙も外函も堅牢な素材を使用し、より重厚な印象を与える。ブックデザインも、今日の目から見れば、〈グリーン版〉の原弘のそれに一日の長があるように思われるが、金を多用した亀倉雄策の〈豪華版〉もまた、その名にふさわしい印象的なものであった。〈豪華版〉という名称そのものや、赤や金を多用した亀倉の華やかなデザインこそが、大型耐久消費財の普及が現実のものとなり、高度経済成長が人々に実感されるようになる六〇年代半ばの空気と見事に合致していたのであった。こうして小型で清楚な〈グリーン版〉と、中型で華やかな〈豪華版〉とは、購読者の選択の幅を広げたことになって、見事な共存体制を確立したのであった。

前年六三年には、中央公論社の『世界の文学』の『罪と罰』が年間ベストセラーの五位、六四年には同じ中央公論社の『日本の文学』が二位に食い込むという、文学全集ブームという追い風も幸いしたかもしれない。時代の風に乗ったとはいえ、河出書房の『〈豪華版〉世界文学全集』も大健闘を見せ、堂々ベストテン第四位の売り上げを誇った。しかも、第二位の中央公論社『日本の文学』は一一回配本分の総計であり、河出書房の〈豪華版〉の方は五回配本分の総計であるから、いささかも遜色はないのである。

六四年の『〈豪華版〉世界文学全集』の成功を受けて、河出書房は翌六五年、同じ〈豪華版〉の

『日本文学全集』の刊行に着手する。第二次世界大戦中も『新世界文学全集』の刊行をつづけ、終戦後はいち早く『〈第一次〉世界文学全集』「十九世紀篇」に着手するなど、河出書房にとっては、世界文学の全集は得意分野となっていた。この世界の文学全集を先行させ、それと連動させるように一年遅れで、同じ企画を日本の文学全集に当てはめるやり方は、次の〈カラー版〉でも見られるが、この〈豪華版〉で確立された方式である。

更に翌年の一九六六年には一月早々に、〈豪華版〉よりもう一回り大きい、菊判の〈カラー版〉の刊行に着手する。河出書房の定石通り『世界文学全集』を先行させ、一年後の六七年一月に『日本文学全集』が追いかける形となる。今回も売れ行きは好調で、『世界文学全集』の第一回配本『戦争と平和』は年間ベストテンの単独七位となり、『日本文学全集』の第一回配本の与謝野晶子訳『源氏物語』は発売一か月で三〇万部を突破したという[4]。河出書房の販売戦略も巧みで『世界文学全集』は創業八〇周年記念出版を謳い、『日本文学全集』は明治百年記念出版との惹句であった。購読者特典の付録として前者には『戦争と平和』の挿絵などを別刷りにした〈壁掛け用絵画〉が、後者には『源氏物語』の挿絵を絵はがきにしたものと、本体と同一デザインの『日本文学日記』が付けられた。ソビエト・モスフィルム制作の超大作映画『戦争と平和』の公開が迫ると、早速その一場面を付録に取り入れ、今度は「二〇万部ベストセラー謝恩　壁掛け用セット」とするなど周到な手はずを整えた[5]。

こうして、一九六六年には、『世界文学全集』の分野では、〈グリーン版〉〈豪華版〉〈カラー版〉が揃い、小（小B六判）中（四六判）大（菊判）と判型も見事に棲み分けがなされ、所収作品や判型・装丁によって気に入った全集を選ぶことが可能になり、読者の選択肢は更に広がったのである。六六年十二月の時点で、〈グリーン版〉は全一〇〇冊が刊行を終了、〈豪華版〉は「第一集」全二五冊の刊行を終え続編「第二集」の刊行に移り六冊を刊行中、〈カラー版〉は一二冊が刊行済みであった。

一方『日本文学全集』の分野は、上述のごとく六七年一月に大型菊判の〈カラー版〉が新たに戦列に参加する。この時点で中型（四六判）の〈豪華版〉は二〇冊を刊行していた。ところが小型（小B六判）本は、〈ワインカラー版〉という六二年に配本が完了していたものがあったが、全二五冊と小規模でしかも完結からすでに五年が経過していた。本来〈ワインカラー版〉は、グリーン色の『世界文学全集』がまだ〈グリーン版〉という呼称を獲得する前に、色違いの姉妹版として企画されたものであった。[6] しかし一方が〈グリーン版〉と呼ばれるようになれば、色違いでは最早姉妹版たり得ない。そこで河出書房は新たに『〈グリーン版〉日本文学全集』の企画を起こし、六七年六月から配本を開始した。『〈カラー版〉日本文学全集』の刊行から僅か半年後のことであるから、販売戦略的には疑問なしとはしないが、河出書房としては、世界文学同様に日本文学の分野でも、小〈グリーン版〉中〈豪華版〉大〈カラー版〉を揃えることを優先したのであろう。このように慌ただしい出発であったが、『〈グリーン版〉日本文学全集』は全五二冊の企画であり、完結時の冊数で比較すれば〈豪華版〉が五四冊、〈カラー版〉が五七冊と、巻冊数の上では三つの全集はバランスの取れたものとなった。

かくして判型や編目の異なる全集がそれぞれ固有の読者を獲得し、順風満帆に見えた河出書房であるが、その最盛期は長く続かなかった。最後の『〈グリーン版〉日本文学全集』の刊行開始から一年も経たずに、六八年春、河出書房は資金繰りに行き詰まることになる。販売好調な多くの書籍を抱えていたことから、ベストセラー倒産とも呼ばれ、出版界全体へ与えた影響の大きさから「河出事件」とも呼ばれることとなる。

六八年春の段階では、『〈豪華版〉世界文学全集』が完結まで数冊にこぎ着けていたのを除けば、『〈カラー版〉世界文学全集』では三〇冊弱の刊行、『日本文学全集』では〈豪華版〉〈カラー版〉〈グリーン版〉の三種類とも多くの未配本の書籍を抱えていたのである。これ以外にも大衆文学に絞った〈カラー版〉の『国民の文学』も半数以上が未刊行で、文学全集以外の分野でも刊行途中の叢書や全集を多く抱えており、その衝撃は極めて大きかった。河出事件に到った最大の理由は、あまりに積極的に拡大路線をひた走りに走ったことであるが、そのあたりの経緯は、文学全集、特に小型版の名作全集の類の刊行に絞ってみると、鮮明に浮かび上がるようである。

二　『〈カレッジ版〉世界名作全集』

前節で見たように、河出書房は、一九六六年に『世界文学全集』の分野で、翌六七年に『日本文学全集』の分野で、〈グリーン版〉〈豪華版〉〈カラー版〉と小・中・大の判型の異なる全集の隊列を整えたのであった。ところが、得意分野の世界の文学の方では、これに飽きたらずに、小規模な編纂の小型の全集をさらに並行して配本していたのである。『〈カレッジ版〉世界名作全集』全二四冊がそれである。

〈カレッジ版〉の判型や一冊あたりの平均ページ数などは〈グリーン版〉にほぼ同じである。「名作全集」という名称といい、二四冊という冊数といい、名作を精選してコンパクトにまとめようとした企画であろう。六六年七月に第一回配本として『戦争と平和（一）』が刊行された後、八月からはほぼ一月に二冊（十一月と六七年二、三月のみ一冊）のハイペースで、六七年五月までに一八冊を刊行、その後はほぼ一月に一冊を刊行し、六七年十二月に最終回配本の『マリー・アントワネット』で完結した。

後述するように、踵を接して刊行された後続の二つのシリーズとも関係が深いので、全体の構成について簡単に触れておく。巻序に従ってあげれば、シェイクスピア（ハムレット他）、ゲーテ（ファウスト他）、スタンダール（赤と黒）、C・ブロンテ（ジェイン・エア）、E・ブロンテ（嵐が丘）、モーパッサン（女の一生）、ゾラ（居酒屋）、ドストエーフスキイ（罪と罰）、トルストイ（戦争と平和1～3、アンナ・カレーニナ1・2）、ロレンス（息子と恋人）、モーム（人間の絆）、ツワイク（マリー・アントワネット）、ヘッセ（車輪の下他）、パール・バック（大地1・2）、ミッチェル（風と共に去りぬ1～3）、スタインベック（怒りのぶどう）、ヘミングウェイ（誰がために鐘は鳴る）となる。トルストイが一人で五冊を占め、現代アメリカ文学で七冊を占めているのが特徴であろうか。

このような編目となったのは、映画化され評判を呼んだ作品が選定基準であったことにもよろう。

第一回配本『戦争と平和（一）』に挟み込まれた小型チラシには、ソビエト映画『戦争と平和』で、ヒロインのナターシャ・ロストワを演じたリュドミラ・サベーリエワがこの本を持っている写真を使い「私は『戦争と平和』のナターシャです　原作を河出の《カレッジ版》で読みましょう」と記している。このチラシには、二箇所に「映画化された世界の名作を網羅／十代のための決定版」と記されており、若い映像世代に焦点を絞った小全集であったことが分かる。また一人の作家で二四冊のうち五冊を占めるという、やや均衡を失した形でもトルストイの『アンナ・カレーニナ』の二冊を収録したのは、グレダ・ガルボ主演、ビビアン・リー主演でそれぞれ映画史に残る名作を生みだし、『戦争と貞操』の名女優タチアナ・サモイロワを主演に公開予定のソビエト映画も評判を呼ぶことが予想されていたからであろう。このように映画との相乗効果は、本全集の重要な戦略であったようで、本作りにもその特性がはっきりと現れている。

まず、本を開くと、本文扉の前に、映画の一場面のカラー口絵が眼に飛び込んでくる。[7]ついで扉となり、次の丁には、各文豪の肖像や署名が記され、一見オーソドックスな展開かと思われるが、その裏から再び映画のスチールが約一〇枚並べられ、作品のどの場面であるか簡単な解説が付されている。[8]

映画世代をいかに読者層として取り込むか、というのがこの全集の一つの目的であったらしい。帯に映画のスチールを使うのは当然で、さらに惹句として「これだけは読んでおきたい世界の名作文庫」「ハンディでスマートなカレッジ版」「豊富なスチール写真による楽しい口絵」「技術革新による画期的な廉価」の四つが掲げられている。これらに、この全集の目的と特徴が言い尽くされていよう。なお、「画期的廉価」とは、帯にも記されている「創業八〇周年記念全巻特価二九〇円」(9)のことである。

結局、映画世代を取り込むこと、低価格で新たな購買層を掘り起こすこと、この二点が〈カレッジ版〉のねらいであった。もともと〈グリーン版〉と同じ判型で、そちらにすでに所収されている作品であるから、そのような特色を前面に出さない限りは、営業的には苦しかったであろう。

ただ映画とのタイ・アップは、元来河出書房の重要戦略の一つであった。函に掛けられたカバーや帯に映画の一場面を使用するのは、河出書房のどの全集にも共通してみられたことであるし、(10)ウィリアム・ワイラー監督、ローレンス・オリヴィエ、マール・オベロン主演で一九三九年に作製された『嵐ケ丘』が、制作から四半世紀の時を経てリバイバル公開された六六年に日本で大ヒットした背景に文学全集との関連があれば、(11)その思いは一層強くなったであろう。

一冊の価格は二九〇円で、〈カラー版〉六九〇円・七九〇円、〈豪華版〉四八〇円〜六八〇円、同判型の〈グリーン版〉でも三五〇円・三九〇円の時代に、謝恩価格にふさわしいサービスであった。ただそのために、本文用紙、表紙、外函などの素材が多少質を落とさざるを得なかったのは残念である。

装丁は、〈豪華版〉〈カラー版〉に引き続き亀倉雄策を起用しており、〈豪華版〉以来の金を多用した明るい華やかな装丁であるが、素材の問題もあって、亀倉の装丁の良さを生かし切っていない。〈グリーン版〉同様に横に溝の入ったビニールカバーを使っているが、両者を比較すると、〈カレッジ版〉のそれは、気の毒なくらいに見劣りがする。低価格路線の負の側面といえようか。

それでも五〇冊、一〇〇冊という大部の全集の中で、二〇冊強の売れ筋の名作に絞ったことで、多少の存在感を出すことができたのではないかと思われる。

三　『〈ポケット版〉世界の文学』

ところが、河出書房は〈カレッジ版〉の刊行途中の六七年五月から、判型が同じく小B六判で、冊数も二五冊と、全く同規模の『〈ポケット版〉世界の文学』を刊行する。(12)しかも所収作家は〈カレッジ版〉とほとんど変更がない。トルストイが単独で五冊を占め、ミッチェル、パール・バック、ヘミングウェイ、スタインベックの四人で七冊というアメリカ文学の構成など、根幹は完全に一致する。作家の入れ替えは、〈カレッジ版〉のツワイク『マリー・アントワネット』をはずし、デュ・モーリアの『レベッカ』と、チェーホフの『三人姉妹』などに差し替えただけである。それ以外は、シェイクスピア、ゲーテ、スタンダール、ブロンテ姉妹、モーパッサン、ドストエーフスキイ、トルストイ、ミッチェル、等と所収作家は完全に一致する。ヘミングウェイの『誰がために鐘は鳴る』を『武器よさらば』に、ゾラの『居酒屋』を『ナナ』に、モームの『人間の絆』を『月と六ペンス』などに入れ替えただけで、骨格はほとんど同一であった。

今回は、並製カバー装にして、〈カレッジ版〉以上に手軽さ、親しみやすさを強調しようとしたのかもしれない。このシリーズに挟み込まれている、全二五巻の内容一覧を兼ねたチラシには、特徴として以下の三点が上げてある。

一　世界文学全集四〇年の伝統を持つ《河出》の定評ある名訳
二　若い世代の世界文学ベストセラーをすべて完訳で収録
三　お求めやすい低価格。ハンディなコンパクト・サイズ現代感覚にマッチした装幀

一や二は〈グリーン版〉〈カレッジ版〉とも共通する内容であるから、三に力点があったのではなかろうか。「現代感覚にマッチした装幀」とは並製カバー装で、『レベッカ』や『ジェイン・エア』ならジョーン・フォンテーンの、『赤と黒』ならジェラール・フィリップとアントネラ・ルアルディの写真というように、カバーには映画の一場面を使用する。猶、価格の問題は後述する。

作家・作品がこれほど、重なり合えば、新たな購読層を獲得するのは困難であったのではないか。むしろ、〈カレッジ版〉と読者の奪い合いをすることになったのではないだろうか。売れ行きそのものは明確な形でデータが公表されていないので不分明であるが、上述したごとく、六七年六月からは

〈カレッジ版〉の配本のペースが半分に落ちていることは、〈ポケット版〉の刊行開始と関係があるのではないか。(13)編集スタッフをはじめとして、制作・営業の部署でも新たな仕事を平行してこなすことを余儀なくされたであろう。結果的に共食いに近いような状況を呈していたのではないだろうか。

配本のペースと言えば、〈ポケット版〉は当初から不安定であった。

六七年五月末に『風と共に去りぬ（一）』『レベッカ』の二冊を出したあとの配本の状況を奥付の発行日で記せば、六月〇冊、七月三冊、八月一冊、九月二冊、十月三冊、十一月二冊、十二月一冊、となり、そこにはなんらの規則性も見いだしがたい。叢書や全集は定期配本が原則であろうが、〈ポケット版〉はそのような見通しも確立できずに、何かに急かされるように、一種の見切り発車をしたのではなかろうか。〈カレッジ版〉との内容の酷似と言い、不安定な刊行間隔と言い、練り上げられた企画とは言い難いのである。購読者は、配本の間隔によって購入計画を立てたり、読書計画を考えたりするであろうから、刊行時期が一定でなければ、販売にも当然悪影響を与えたであろう。そう言う意味では、〈ポケット版〉という新企画の投入は河出書房にとってプラスの要素はあまりなかったのではないかと思われる。

販売価格においても、河出書房は相当な無理を重ねていたようである。〈カレッジ版〉は「創業八〇周年記念全巻特価二九〇円」であったが、すでに見たようにこの価格設定自体が限界に近いものであったのではなかろうか。しかし、同じ判型で、しかも並製カバー装の〈ポケット版〉となると、上製函入りの〈カレッジ版〉より高い金額設定はできなかった。かくして第一回配本の二冊は「記念特価二〇〇円」(六七年八月末まで、期間限定)という六〇年代後半の当時としてはあり得ないような低価格となった。さすがにこの価格を維持するのは困難であったようで、次の配本からは特価二五〇円となっている。しかしこれも特価であって、実は〈ポケット版〉には一方で定価二八〇円と印刷されているのである。これ以外に『女の一生』などややページ数の少ない巻は、特価二三〇円・定価二六〇円というものや、逆に『罪と罰』のように厚手のものは特価二八〇円・定価三二〇円であった。

結局、このシリーズは、巻冊や購入時期によって、記念特価、特価、定価という三種類の価格が併存していたのである。第一回配本の『風と共に去りぬ(一)』などは、購入時期によって同じ本が、二〇〇円、二五〇円、二八〇円と異なった価格であったわけである。このシリーズの平均的な定価二八〇円というのは、函入り上製の〈カレッジ版〉の二九〇円より下げねばならないためにぎりぎりの選択であっただろうが、ここまで値段を小刻みにして購買者の注意を引きつけなければならなかったのは、この会社が抱えていた暗部を示しているようである。(14)

ここで、このころの河出書房の文学全集の特価戦略について簡単に見てみたい。第一回配本に特価を設定して、売れ行きに弾みをつけようとする試みは、〈豪華版〉のころから鮮明になる。六四年六月に刊行を開始した『〈豪華版〉世界文学全集』は当初の二回の配本の『風と共に去りぬ(一)(二)』の二冊を定価五八〇円の所を、八月末まで特価四八〇円とした。この場合、受け入れやすかったのは、

〈豪華版〉の定価は四八〇円が基準であるので、[15]『風と共に去りぬ』は厚冊で一〇〇円割高の所を、特価にして他の巻冊と値段を揃えた形であったからである。一年後の『〈豪華版〉日本文学全集』も全く同じで、一・二回配本の特大冊の『源氏物語』を定価五八〇円に対して八月末までの記念特価四八〇円を設定した。これらの場合は、発売後直ぐに購入すれば、月々四八〇円という購入計画でほぼすべてを揃えられるというのが魅力であった。

そのバランスの良さが失われるのは『〈カラー版〉世界文学全集』のあたりからである。第一回配本『戦争と平和（一）』は、定価六九〇円、この価格は〈カラー版〉の平均定価であった。ブロンテ姉妹を一冊に収めた巻の七九〇円などを除けば、ほとんどの巻が六九〇円であった。ところが第一回配本に思い切って四九〇円という特価を設定した。値引率を思い切ってあげ〈豪華版〉の時の倍額の二〇〇円引きであった。金額のみではない、当初は一月発売三月末までの特価と公表され、〈豪華版〉の時と同じくらいの期間設定であったものが、のちには「好評に付き」ということで五月末まで延長されてしまう。四月以降に恩恵に与った購読者には幸いであるが、あわてて三月末までに購入した読者は、多少違和感が残ったかもしれない。一年後の『〈カラー版〉日本文学全集』は、定価七五〇円のところ「刊行を記念して記念定価を設け」六九〇円とし、さらに第一回配本のみ予約特価四九〇円とした。定価に対する予約特価の値引率は三五％を越え、二六〇円もの値引きとなる。中間金額として設けられた記念定価は適用期間が明示されず、「当分続ける予定です[16]」とあり、やや不透明な書き方である。最終的には、第九回配本『井上靖集』をもって、この記念定価はうち切られる。

特価の決め方に一層の混乱が見られるのは『〈グリーン版〉日本文学全集』である。この企画が挟み込みチラシに初めて登場するのは六七年五月版の「河出書房の新刊」である。全八ページのうち、見開き二、三ページを費やして当初の六回分の配本八冊の書名と作品概要を記しているが、そこでは定価三九〇円で、第一回配本『次郎物語（上）』特大頁価四九〇円は特価三九〇円とゴシック体で強調している。これが翌月の「河出書房の新刊」では、同じく第一回配本の『坊っちゃん 他』とともに第一回特価二九〇円と記されている。一月の間で特価が一〇〇円下がったわけで、購入予定者には嬉しい限りだが、このあたりも価格設定をめぐる混乱ぶりといってよかろう。『次郎物語（上）』の場合、特大頁価四九〇円に対する最終決定特価二九〇円は、実に四〇％を越える値引率となった。三種類の価格が存在する〈ポケット版〉にはこのような背景があったのである。

〈ポケット版〉の企画に問題のあることは、巻序からも明らかである。通常の世界の文学全集や名作全集は、作家の活動時期を基準に、古代や中世から現代へと時代順に、それに国別・地域別の要素を加味して配列されるのが一般的である。ところがこのシリーズは配本の順をそのまま巻数（といってよいか問題であるが、便宜上この呼称を用いる）に用いているのである。第一回配本の『風と共に去りぬ（一）』『レベッカ』では、そのまま奥付に「ポケット版・世界の文学1」「ポケット版・世界の文学2」などと、配本の順番を記しているのである。奥付では単なる算用数字であるが、最終ページの「全二五巻内容」では丸囲み数字で同じ番号が①②と記されている。『風と共に去りぬ』の続巻（第二分冊、第三分冊）は、次回（翌々月）の配本であるが、『レベッカ』を間に挟むために、一つの作品が①と③④に分離されてしまったのである。第一回配本として勢いを付けるために二冊同時配本をしたのであろうから、このようになってしまったのである。その場合でも同日配本であるから『レベッカ』を①にすれば『風と共に去りぬ』の第一分冊と第二、第三分冊の巻序が離れることにはならなかったであろうが、作品の重みから考えて『レベッカ』を第一巻にはできなかったのだろう。

『風と共に去りぬ』ほど露わではないが、通常は並び番号となるブロンテ姉妹の二作品が⑤と⑧に分かれたり、同じトルストイの⑨⑩⑪『戦争と平和』と⑮⑯『アンナ・カレーニナ』の間に、『ハムレット』や『武器よさらば』の巻冊が割り込む形となったり、〈ポケット版〉の巻序には整然としているとは言いがたいものがある。その混乱は誤植の形となって現れている。C・ブロンテの『ジェイン・エア』は第五回配本で、巻末の「全二五巻内容」でも⑤の数字を割り振られているが、奥付にはなんと「世界の文学7」と記されているのである。「7」巻であれば、⑧『嵐が丘』と連番になるために、このような誤植を誘引したのではないだろうか。

このように『〈ポケット版〉世界の文学』は六七年当時の河出書房のぼんやりした不安のようなものを垣間見せてくれるようである。

混乱を極めた〈ポケット版〉ではあるが、一部はその後も形を変えて生き続けている。第一回配本でもあった『風と共に去りぬ』がそれである。河出書房は一九七〇年七月二五日初版で、この作品を小B六判並製カバー装の普及版全三冊として刊行しているが、表紙カバーの写真はすべて〈ポケット版〉のそれと同じ場面である、扉の直ぐ次のカラー口絵一葉とその解説もまた、〈ポケット版〉のを流用している。本文段組などは読みやすいように変更されているが、装丁を含めて〈ポケット版〉が骨格になっているといって良かろう。この普及版は、一九八八年に新装版となって、年号が平成に改まった後も読み継がれることとなった。

四 『〈キャンパス版〉世界の文学』

さて、河出書房は世界文学の小型版の分野で、『〈グリーン版〉世界文学全集』というロングセラーを擁していたが、それに飽きたらずに、同じ判型の『〈カレッジ版〉世界名作全集』『〈ポケット版〉世界の文学』を重複して刊行していた。特に後二者は冊数や収録作家・作品に類似性が高く、共通する読者層・購買層を奪い合った観があったが、とにかく六七年十二月の〈カレッジ版〉の完結に漕ぎ着けた。あとは〈カレッジ版〉の在庫を売り切り、〈ポケット版〉の刊行に専念することができたはずであるが、河出書房は予想外の選択を取った。

六七年十二月二〇日、『〈カレッジ版〉世界名作全集』最終回配本と全く同日の奥付で、また新たな企画『〈キャンパス版〉世界の文学』全二五冊の配本を開始したのである。判型は〈グリーン版〉〈カレッジ版〉〈ポケット版〉と四度同じく小B六判。〈ポケット版〉のみは並製カバー装であったが、今回は再度上製函入りとなった。外函も表紙のクロスもしおりひも（スピン）もすべて緑色で統一し、どことなく〈グリーン版〉の廉価普及版という感じがなくもない。やはり河出書房にとっては、緑は特別な思い入れのある色であったのだろうか。(17)

このシリーズの第一回配本に挟み込まれた二つ折りのチラシには「心に知性の広場を！　学園〈キャンパス〉に咲く世界の大ロマン」「青春に読むべき世界の大作・名作をすべて完訳で収録」との惹句が躍っている。さらに「この全集の四大特長」として以下の四点が示してある。

一、世界文学の〈河出〉が四〇年の伝統に立ち、若い世代に贈る決定版
二、若い世代に必読の大作名作を完訳で収録。文学的教養の宝庫である
三、作品の背景や作家の生涯を一流執筆者が解説した楽しい文学入門
四、お求めやすい低価格。ハンディなコンパクト判。色彩あふれる装幀

一、二、四は、前節で取り上げた〈ポケット版〉の惹句の内容とほぼ一致するし、三についても、この叢書のために新たに書き下ろされた解説ではないので、(18)やや苦しい設定といえようか。

定価は二九〇円で統一。第一回配本『戦争と平和（一）』『ジェイン・エア』のみ特価二五〇円との二重設定で、〈ポケット版〉の時のような混乱はなかった。

肝腎の作品選定は〈ポケット版〉とほぼ完全に重なり合ってしまっている。ゾラの作品を、〈ポケット版〉の『ナナ』から〈カレッジ版〉の時の『居酒屋』に戻しただけである。〈カレッジ版〉に後続して〈ポケット版〉を刊行したときは、共通性が高いとは言いながらも、それでも一人の作家を削除、二人を追加、同一作家でも多少の作品の入れ替えがあったが、今回はそれすらほとんど見られない。あるのは、カバー装か、上製函入りかという、造本上の相違である。あるいは、並製カバー装の〈ポケット版〉が予想外に苦戦して、やはり函入り上製本と考えたのであろうか。なにかそのような事情で急遽しつらえられた企画ではなかったか。河出書房の折り込みチラシは十月までの「河出書房の新刊」「新刊案内」から、十一月には衣替えして「河出　新刊ニュース」となり、カラー写真を多用して宣伝活動に力を入れている。当然毎月の新刊や全集の配本がずらりと並び誇示しているわけであるが、十二月の「河出　新刊ニュース」には〈キャンパス版〉の名前は見えず、一月の新刊ニュースにいきなり、第三回と第四回配本が記されている。新しい叢書だからはなばなしく宣伝したいところだったのだが、新刊ニュースに登載する時間がないくらい大急ぎの企画だったのだろうか。

ともあれ、結果的に小型版の世界文学全集の類が四種類続いたことになる。それらの刊行開始年次・完結年次・冊数（一部は予定冊数）をまとめると以下のようになる。

グリーン版　　五九年九月〜六六年八月　　一〇〇冊
カレッジ版　　六六年七月〜六七年十二月　　二四冊

ポケット版　　　六七年五月〜　　　二五冊
キャンパス版　　六七年十二月〜　　二五冊

〈カレッジ版〉の刊行は、〈グリーン版〉の完結とほぼ入れ替わるように始まっており、一〇〇冊の全集と二四冊の名作全集との量的質的相違もあって、このあたりはうまく棲み分けができていた。ところが、六七年五月以降は、造本以外内容的に大差のない〈カレッジ版〉と〈ポケット版〉が並行して刊行される。六七年末に〈キャンパス版〉が併存するという状況になる。〈カレッジ版〉の完結で、この状態が解消したかと思う間もなく、今度は〈ポケット版〉と〈キャンパス版〉が併存するという状況になる。〈カレッジ版〉である程度の購買層を掘り尽くしていたであろうから、どう考えても得策でない。このようなあたりに、当時の河出書房の抱えていた問題が象徴されているであろう。

そして、〈ポケット版〉と〈キャンパス版〉には完結終了の期日を記すことができない。上述したように、六八年春の河出事件の際に配本がストップし、そのまま再開される日を迎えることがなかった。未完の全集となってしまったのである。

六八年春の河出事件のために、同社の〈豪華版〉シリーズの『世界文学全集』『日本文学全集』、〈カラー版〉シリーズの『世界文学全集』『日本文学全集』『国民の文学』など刊行途中の多くの叢書の配本がストップした。やがて会社更生法の適用を受けて再建を進める過程で、残された巻冊の刊行が始まり、数か月から数年後にはいずれも完結に漕ぎ着けている。中には『〈カラー版〉世界文学全集』『日本文学全集』のように、河出事件後に増巻を行って全集全体の充実を図ることができたものもある。それらに対して〈ポケット版〉〈キャンパス版〉は河出事件の際に切り捨てられたシリーズであった。

〈ポケット版〉は二五冊の予定が二一冊で中絶、〈キャンパス版〉に到っては二五冊中の一一冊で途絶えたまま、続巻が刊行される日は来なかった。広範な読者層を見込めるわけでもなく、会社の再建過程で、いわば不良債権として切り捨てられていったのである。それはこれまで見てきたように、類似の企画を続けたことによる負の連鎖のつけでもあった。

このような結果に終わったために、全集総覧などのデータベースでも記述の混乱があるようである。文学全集の分野では、日外アソシエーツの作成した膨大なデータ蓄積があり、『世界文学全集』の分野ではさらにデータ収集も内容分析も卓越した矢口進也の貴重な仕事がある。[19] ただ矢口著書では、〈グリーン版〉の焼き直しのシリーズと考えたのか、〈カレッジ版〉以下は収録されていない。ここでは、引用・言及されることの多い、日外アソシエーツ『世界文学全集・内容総覧』[20]や国会図書館のデータについて簡単に触れておこう。

河出事件の数か月前、六七年十二月に何とか完結に漕ぎ着けた『〈カレッジ版〉世界名作全集』であるが、国会図書館のNDL－OPACでは第二四冊目が検索できず、『世界文学全集・内容総覧』でも「全二三巻」（四四五ページ）と記され、やはり第二四巻の『誰がために鐘は鳴る』が未記載である、これは国会図書館の資料に拠ったためかもしれない。それでもこのシリーズは完結したために、大学図書館・公立図書館などでは全冊保存されているところがあるから大きな問題にはならない。[21]ちなみに、国会図書館の所蔵という点では、〈グリーン版〉もデータ上は欠本が多いのが気になるところである。[22]人気シリーズ故の損傷や紛失ということかもしれないが、戦後を代表する文学全集の一つであるだけに、補充が望まれるところである。未完に終わった〈ポケット版〉や〈キャンパス版〉の方は、国会図書館では刊行分を全冊保存している。ただ『世界文学全集・内容総覧』の方に、記述の混乱が見られるようだ。まず〈ポケット版〉では、「全二一巻」（四七六ページ）と記され、これが全巻構成と誤解される恐れがある。これは刊行分のみの冊数で、本来ならば「全二五冊の予定、二一冊を刊行して途絶」などと記すべきところである。〈キャンパス版〉の方は「本書は全二五巻の予定であったが、完結されたかどうかは確認できなかった。本書においては、確認出来た一〇冊のみを収録した」（四八二ページ）と記しているのであるから、記述の統一を図るべきであろう。同総覧は大変な労作であり、基礎資料としてしばしば使用されるものであるだけに、細かな修正もなされるべきであろう。ちなみに刊行された〈キャンパス版〉は全部で一一冊で、六八年二月二九日の奥付を持つ第二三巻『レベッカ』を補わなければならない。

参考のために、〈カレッジ版〉〈ポケット版〉〈キャンパス版〉の対照表を次に掲げておく。数字はそれぞれの通巻数、〈グリーン版〉はⅠⅡⅢ集別巻の区別を付けた。欠はそのシリーズに最初から含まれないもの。？は刊行されなかったものである。

GR版	CO版	PO版	CA版		
Ⅰ 01	01	13	01 ？	シェイクスピア	ハムレット他
Ⅰ 02	02	18	02 ？	ゲーテ	ファウスト他
Ⅰ 03	03	06	03	スタンダール	赤と黒
Ⅰ 07	04	05	04	C・ブロンテ	ジェイン・エア
Ⅰ 08	05	08	05	E・ブロンテ	嵐が丘
Ⅰ 16	06	07	06 ？	モーパッサン	女の一生他
Ⅰ 17	07	欠	07 ？	ゾラ	居酒屋
Ⅲ 13	欠	19	欠	ゾラ	ナナ
Ⅰ 18	08	12	08	ドストエーフスキイ	罪と罰
Ⅰ 21	09	09	09	トルストイ	戦争と平和（一）
Ⅰ 22	10	10	10	トルストイ	戦争と平和（二）
Ⅰ 23	11	11	11	トルストイ	戦争と平和（三）
Ⅰ 24	12	15	12 ？	トルストイ	アンナ・カレーニナ（一）
Ⅰ 25	13	16	13 ？	トルストイ	アンナ・カレーニナ（二）

Ⅰ 28	欠	21	14 ?	チェーホフ	桜の園
Ⅰ 31	17	?	15 ?	ヘッセ	郷愁・車輪の下他
Ⅰ 38	14	17	16 ?	ロレンス	息子と恋人
Ⅰ 40	欠	20	17 ?	モーム	月と六ペンス
Ⅱ 17	15	欠	欠	モーム	人間の絆
Ⅲ 15	16	欠	欠	ツワイク	マリー・アントワネット
別 01	20	01	18	ミッチェル	風と共に去りぬ（一）
別 02	21	03	19	ミッチェル	風と共に去りぬ（二）
別 03	22	04	20	ミッチェル	風と共に去りぬ（三）
別 05	18	?	21 ?	バック	大地（一）
別 06	19	?	22 ?	バック	大地（二）
別 04	欠	02	23	デュ・モーリア	レベッカ
Ⅱ 19	23	?	24 ?	スタインベック	怒りのぶどう
Ⅰ 39	24	欠	欠	ヘミングウェイ	誰がために鐘は鳴る
Ⅱ 18	欠	14	25 ?	ヘミングウェイ	武器よさらば

当然のことかもしれないが、〈グリーン版〉のⅠ集と別巻というこのシリーズの当初の企画が、〈カレ

ッジ版〉以下の骨子となっていることが看取できる。『戦争と平和』『風と共に去りぬ』やブロンテ姉妹の作品などは、早めの配本であるので、河出事件の前に四つのシリーズすべてで刊行されたが、比較的地味な『怒りのぶどう』『大地』などは後ろに回されていたため、〈ポケット版〉〈キャンパス版〉ともに日の目を見ることがなかった。

ちなみに六七年二月の「河出書房の新刊」には「権威者五〇氏(23)が若い世代のために選んだ…　四二年度世界文学ベスト一五選」が掲載されていて、①戦争と平和　②風と共に去りぬ　③罪と罰　④誰がために鐘は鳴る　⑤赤と黒　⑥嵐が丘　⑦ファウスト他　⑧アンナ・カレーニナ　⑨ジェイン・エア　⑩大地　⑪女の一生他　⑫ハムレット他　⑬郷愁／車輪の下　⑭武器よさらば　⑮怒りのぶどう、と並べられている。そしてそれは当時刊行中であった、〈カレッジ版〉二四冊一八種（『戦争と平和』などのように複数冊のものを一種と数える）には⑭の『武器よさらば』を除いてすべて収録されている。ヘミングウェイの二作品のいずれを取るかという揺れはあるが、それを除けばベスト一五のうち一四作品までが、以降に刊行される〈ポケット版〉〈キャンパス版〉でも収載され、これら三シリーズの骨格を形成していることが分かる。逆に言えば三シリーズに共通する作品でベスト一五に入っていないのはロレンス『息子と恋人』のみで、ベスト一五を中心に、ゾラ、モーム、チェーホフ、ツワイクなどの作品を適宜差し替えながら、三種類の小型の名作全集を次々と生み出していくのである。結局、このアンケートは、河出書房にとっては一種の市場調査のような役割と、広報活動との二重の働きをしたのではなかろうか。

五　〈カレッジ版〉〈ポケット版〉〈キャンパス版〉の本文比較

前節で掲げた表からも明らかなように、〈カレッジ版〉以下の三つのシリーズの所収作品は、いずれも〈グリーン版〉に所収されていたものである。判型もほぼ同型であることから、〈グリーン版〉の紙型を利用した、一種の異装本の可能性もある。このことについて検討してみよう。

三つのシリーズのうち〈カレッジ版〉〈キャンパス版〉で第一回配本となっており、これらのシリーズの顔でもあった『戦争と平和』で比較してみよう。解説などが付されている第三巻が比較しやすいのでこれを用いる。

〈グリーン版〉『戦争と平和』第三巻は、扉のあと、目次（二ページ）、内扉、主要人物解説（見開き二ページ分）、一八一二年ロシア遠征要図、内題、と続き、本文は五ページ目から始まる。以下摘記してみよう。

第三巻第三編	五〜一四五
第四巻第一編〜第四編	一四七〜三九二
エピローグ編	三九三〜五〇四

付録　トルストイ　『戦争と平和』について数言　五〇五～五一五
各章の内容　中村融訳編　五一七～五二三
トルストイ年譜　五二五～五三二
解説　桑原武夫　五三三～五四六
訳者あとがき　中村白葉　五四六～五四七

やや煩瑣に渡ったが、詳しく記したのは、本文の文章から、全体のページ構成に至るまで、この〈グリーン版〉の形と、〈ポケット版〉〈キャンパス版〉は完全に重なるのである。唯一の例外は〈カレッジ版〉で、これは「各章の内容」以下多少ページ数に相違がある。

各章の内容　中村融訳編　五一七～五二四
トルストイ年譜　五二五～五三三
解説　桑原武夫　五三五～五四九
訳者あとがき　中村白葉　五四九～五五〇

〈カレッジ版〉はこのように、ページ数が若干増えているのであるが、それはこれら解説の類の部分の活字を大きく読みやすくしたためで、本文内容にはほとんど変化がない。唯一の相違は、桑原の解説の冒頭に「レフ・トルストイ（一八二八―一九一〇）の生涯については、本全集第一三巻『アンナ・カレーニナ』IIの解説でのべ、年譜もそえられてあるから、ここでは作品『戦争と平和』のみについて話す」という一文が追加されているだけである。それ以外では、活字の大きさを変えたために、桑原の解説中に挿入されていた「人物の愛情の図式」「主要貴族の家系」をもとの位置に貼り付けることができずに別ページに移した点が違うだけである。

このように極めて微細な変化であるが、それでも〈カレッジ版〉では、元版の〈グリーン版〉を改良しようとする意識が見られる。解説部分を多少読みやすくしようとしたのである。ところが、後続の〈ポケット版〉〈キャンパス版〉にはそのような相違は全く看取できず、〈グリーン版〉をそのまま紙型再版したような形である。もちろんその場合でも、安易な再版ではなく、〈カレッジ版〉よりも原型の〈グリーン版〉の方が結果的に水準が高かったから、そちらに依拠したという可能性もあろう。

そのあたりの事情を探るために、もう一例『ジェイン・エア』の例を見てみたい。

〈カレッジ版〉『ジェイン・エア』の阿部知二の解説は、〈グリーン版〉のそれを使用しながら、微細な表現を変えている部分がある。今それらの中から、三か所を例示し、〈ポケット版〉〈キャンパス版〉の当該箇所を併記してみる。

①私は、このシャーロット・ブロンテとその『ジェイン・エア』とについて書くに当たって、はじめにまず、十九世紀の欧米の小説一般にわたっての偉観について、一言しないではいられない。

〈グリーン版〉

私は、この全集の『嵐が丘』の解説でもいったことだが、シャーロット・ブロンテとその『ジェイン・エア』とについて書くに当たっても、はじめにふたたび、十九世紀の欧米の小説一般にわたっての偉観について、一言しないではいられない。〈カレッジ版〉

私は、このシャーロット・ブロンテとその『ジェイン・エア』とについて書くに当たって、はじめにまず、十九世紀の欧米の小説一般にわたっての偉観について、一言しないではいられない。

〈ポケット版〉

私は、このシャーロット・ブロンテとその『ジェイン・エア』とについて書くに当たって、はじめにまず、十九世紀の欧米の小説一般にわたっての偉観について、一言しないではいられない。

〈キャンパス版〉

②彼（稿者注、ヘンリ・ナッシィ）が、『ジェイン・エア』のなかの、セント・ジョンのモデルであるということは、あきらかである。〈グリーン版〉

彼（稿者注、ヘンリ・ナッシィ）が、『ジェイン・エア』のなかの、セント・ジョンのモデルであるということは、容易に察しうる。〈カレッジ版〉

彼（稿者注、ヘンリ・ナッシィ）が、『ジェイン・エア』のなかの、セント・ジョンのモデルであるということは、あきらかである。〈ポケット版〉

彼（稿者注、ヘンリ・ナッシィ）が、『ジェイン・エア』のなかの、セント・ジョンのモデルであるということは、あきらかである。〈キャンパス版〉

③エジエ氏は、三十三歳のきびきびした男性で、フランス文学の教授であった。〈グリーン版〉
エジエ氏は、三十三歳のきびきびした男性で、フランス文学の造詣が深かった。〈カレッジ版〉
エジエ氏は、三十三歳のきびきびした男性で、フランス文学の教授であった。〈ポケット版〉
エジエ氏は、三十三歳のきびきびした男性で、フランス文学の教授であった。〈キャンパス版〉

いずれも『戦争と平和』の例と同様に、〈カレッジ版〉の修正案を〈グリーン版〉の原案に戻したものである。冒頭の例は『嵐が丘』との配本の順番にふれない〈グリーン版〉の方が、汎用性は勝っているかもしれないが、後二例はどちらが良いとも言い難い。ただ、最後の例は、その数行前に「エジエは仏文学の教授であり」との文章があったから、〈カレッジ版〉では表現の重複を避けたのであろう。とすれば、そちらを踏襲すべきではなかったかという思いがある。

以上の例を見ると、表現内容に拘泥することなく、〈ポケット版〉〈キャンパス版〉では単純に〈グリーン版〉に回帰したようである。『戦争と平和』の例にも見られたように、これが〈ポケット版〉〈キャンパス版〉の基本方針のようである。ところが、『ジェイン・エア』の肝腎の翻訳本文には混乱が見られるようである。冒頭のページから引用してみよう。

④冷たい冬の風がひどく暗うつな雲をまねきよせ〈グリーン版〉
冷たい冬の風がいやに陰気な雲をまねきよせ〈カレッジ版〉
冷たい冬の風がいやに陰気な雲をまねきよせ〈ポケット版〉

冷たい冬の風がひどく暗うつな雲をまねきよせ〈キャンパス版〉

⑤もう客間で母のまわりに集まっていた。〈グリーン版〉

もう客間で、母のまわりに集まっていた。〈カレッジ版〉

もう客間で、母のまわりに集まっていた。〈ポケット版〉

もう客間で母のまわりに集まっていた。〈キャンパス版〉

⑥もっと気持ちのいい快活な態度〈グリーン版〉

もっと気持ちのいい、快活な態度〈カレッジ版〉

もっと気持ちのいい、快活な態度〈ポケット版〉

もっと気持ちのいい快活な態度〈キャンパス版〉

ここでは、これまでの例とは異なって、〈グリーン版〉=〈キャンパス版〉、〈カレッジ版〉=〈ポケット版〉という対応関係を看取できる。実は『ジェイン・エア』の本文部分ではこの対応関係は一貫しているのである。念のために、物語の半ばあたり第二一節（二四五、六ページ）のやはり冒頭近くの例を挙げるが、この構図に変化はない。

⑦すっかり疎遠になった近親同士の間におこって〈グリーン版〉

すっかり疎遠になった近親同士の間に起こって〈カレッジ版〉

すっかり疎遠になった近親同士の間に起こって〈ポケット版〉

すっかり疎遠になった近親同士の間におこって〈キャンパス版〉

⑧この働きについては、人間の理解力も〈グリーン版〉

この働きには、人間の理解力も〈カレッジ版〉

この働きには、人間の理解力も〈ポケット版〉

この働きについては、人間の理解力も〈キャンパス版〉

⑨その言いぐさと、その出来事とを、たびたび思い出した。〈グリーン版〉

その言いぐさと、その出来事とをたびたび思い出した。〈カレッジ版〉

その言いぐさと、その出来事とをたびたび思い出した。〈ポケット版〉

その言いぐさと、その出来事とを、たびたび思い出した。〈キャンパス版〉

④から⑨までの六例は、表現の相違、表記の相違、句読点の有無など、どれをとっても、〈グリーン版〉と〈キャンパス版〉が同一であり、これに対して〈カレッジ版〉と〈ポケット版〉がいわば共通異文を形成するのである。これらに加えて、行末の句読点の処理などにも二通りの型に分かれる。

たとえば、第七ページ目の上段六行目には「(わたしは）平衡を取りもどすと、椅子から二、三歩あとへさがった。」との本文がある。この部分、句読点を全角で数えれば二六文字分に当たるので、〈カレッジ版〉と〈ポケット版〉では、この文中にある二つの読点を半角にして、二五字分の一行に収めているのである。これに対して〈グリーン版〉と〈キャンパス版〉では、行の末尾の「あとへさがっ」の六文字を文字間を開くことによって七文字分のスペースを取り、次行に「た。」を送り、二行としているのである。ここでもこの四種類の全集は、きれいに二つのグループに分かれる。

このような行末の処理と、微細な異文の積み重ねで、最終的には作品本文のページ数に相違が出てくるのである。つまり、〈カレッジ版〉と〈ポケット版〉は五二三ページまでが作品本文であるが、〈グリーン版〉と〈キャンパス版〉は五二五ページまであるのである。

結局、これらのことは、〈カレッジ版〉以下の三つの全集の混乱を示しているのであろう。〈カレッジ版〉で加えられた微細な修正はあまりかんばしくないと考えたためか、後続の〈ポケット版〉と〈キャンパス版〉では〈グリーン版〉の形に戻す方針を採ったが、この方針を完全には貫くことができずに、〈ポケット版〉では、ある部分は〈グリーン版〉ある箇所は〈キャンパス版〉に依拠するという不統一を生み出してしまったのである。

おわりに

このように、六六年から刊行された、二四、五冊の小規模な三つのシリーズ、〈カレッジ版〉〈ポケット版〉〈キャンパス版〉は、そのころの河出書房の混迷と行く手を暗示するものであった。同規模の、同内容の企画を繰り返したり、同時並行の形で出版すること自体、あまり生産的でないと思われるが、そういった負の要因よりも、新たな企画を打ち出すことの効果の方を、河出書房は重視した。しかも、同工異曲の企画の繰り返しと言うだけではなく、巻序、価格の設定、発行の間隔など様々な混乱が見られる。装本やブックデザインを変更すれば新たな購買層を獲得できる恵まれた時代であったことがその背景にあろう。ほとんど同じ頃河出書房は、〈豪華版〉の『世界文学全集』や『日本文学全集』の配本が一区切りつくと、〈豪華愛蔵版〉と銘打って、〈豪華版〉の表紙のデザインを多少変えて（装丁は同じ亀倉雄策）、一部売れ行きの悪い巻を除いて編集、販売している。それだけの変更であるが、一定程度の購買者を獲得したようで、古書店などでも〈豪華愛蔵版〉は〈豪華版〉にそれほど劣らないくらい見ることができる。

文学全集の歴史を考えるときに、六〇年代の河出書房の動きをはずして考えることはできない。名作や大作を組み込んだ良心的な文学全集を出版すれば、それだけで一定数の読者を獲得できた時代は、経済の高度成長とともに少しずつ変質し始めていた。そのような中でも、新たな購読者層の拡大に、河出書房は大きな役割を果たした。しゃれたブックデザインで、映画との相乗効果で、入手しやすい価格設定で、次々と潜在的な購買層を掘り起こし続け、やがて力つきて倒れた。そしてそれは、教養や読書が社会との間に築いていた理想的な関係が、爛熟から衰退へと向かう歩みと軌を一にしているのでもあった。

第五章　その後の『世界文学全集』

はじめに

本章では、河出書房のその後の『世界文学全集』について見ておこう。

六〇年代を文学全集の黄金時代とすれば、七〇年代は頂点を過ぎて、徐々に下降線を辿る時期と位置づけることができよう。六八年の河出事件からちょうど十年目の一九七八年に、『現代日本文学全集』以来この分野をリードしてきたもう一方の旗頭とも言うべき筑摩書房が、会社更生法の適用を受けたことは、そのことを象徴的に示していよう。(1)その後、八〇年代以降は、文学全集にとって長く続く冬の時代とも言えようか。冬の時代の到来以後、河出書房は『世界文学全集』の分野から完全に撤退したのであろうか。六八年の河出事件直後の状況を含めて、六〇年代末期から八〇年代にかけての、その後の『世界文学全集』について、最後に見ておきたい。

一 残された全集たち

河出事件のために、刊行が途絶した文学全集はその後どうなったのだろうか。小B六判の〈キャンパス版〉〈ポケット版〉などについては、前章で詳しく見たが、それ以外のものについても簡単に触れておこう。

『〈豪華版〉世界文学全集』は、この事件の影響が最も少なかった。河出事件のころにはほぼ完結に近づいていたからである。五月に「第二集」第四巻のバルザックを出した後、七月に「第二集」第一八巻のトーマス・マン、十月に最後の配本のジイドの巻を出して、全冊の配本を終えた。ただ、〈豪華版〉の元版を基礎として色違いで出版された〈豪華愛蔵版〉の方は「第二集」は刊行されなかったようだ。五〇年代の〈決定版〉の時の、天金の〈豪華特製版〉と同じく、「第一期（第一集）」のみの特別バージョンにとどまったのである。

『〈豪華版〉日本文学全集』の方は、「第二集」の企画がスタートしたばかり、まだ約二〇冊の配本を残して、河出事件に遭遇することとなった。配本再開は、七月の『夏目漱石集（二）』からである。このシリーズにとって幸いしたのは、夏目漱石・島崎藤村・川端康成・王朝物語など、比較的人気の高い作家や作品がこの頃の配本と重なったことであろう。恐らくは大幅な落ち込みもなく、購読者を呼び戻すことができたのではないか。

配本再開に際して最も苦労したのは、残り一〇冊程度となっていた『〈カラー版〉世界文学全集』だったのではなかろうか。六〇年代後半の当時は、まだ小規模の書店が町内のあちこちにあって、こうした全集などの定期配本を引き受けていた。筆者もそうであるが、こういった場合には、再建後、配本再開を待って全集が届けられ続けたのであるが、書店で気に入ったものを買う方式を取っていた購読者の場合は、配本の休止というだけでも、心理的に大きくブレーキをかけられたのではなかろうか。配本再開後にどれだけ魅力的な作家や作品を並べることができるかによって、失いかけた店頭での一般の購読者を呼び戻すことができよう。その意味で、『現代世界戯曲集』『世界名詩集』をはじめ、ホメロス、ダンテ、曹雪芹、ゴーゴリなど地味な作家や作品群が多く残っていた〈カラー版〉こそが、読者離れが最も危惧されたのではなかろうか。そこで新たな魅力的な作品を増巻することによって、〈カラー版〉という全集全体の価値を高めようとしたのではないかと思われる。魅力的な全集であれば、『現代世界戯曲集』『世界名詩集』なども含めて、全冊を揃えたいという欲求が高まるであろう。当初の企画に増巻をするという、既定の路線の拡大を図ることは、経営破綻の直後としては無謀な試みとも見えるが、全集全体の魅力拡大のためには是非とも必要であったのであろう。

前年に刊行を開始したばかりの『〈カラー版〉日本文学全集』は、まだ半分以上の未配本が残っていたから、これを完結することに全力を傾注し、二年後の一九七〇年にやはり増巻を決定する。同じ

〈カラー版〉の『世界文学全集』とのバランスを取るためでもあり、体力的にも回復してきた河出書房としては、これもまた当然の選択であっただろう。

関連して二つの〈カラー版〉の『国民の文学』について述べておく。

まず、混乱を避けるために〈カラー版〉ではない『国民の文学』に触れておくと、これは同じ河出書房が五年前の一九六三年に刊行したもので、『万葉集』『源氏物語』や『南総里見八犬伝』など「現代文による古典文学全集」「名訳で楽しめる国宝の文学」であった。(2) これに対して、一九六七年八月から刊行が始まった〈カラー版〉の『国民の文学』は、以前のものとは異なって、第一巻の『大菩薩峠』から、第二六巻の『燃えよ剣』まで、大衆に人気のある作品をずらりと揃えたものであった。『国民の文学』は古典文学全集、『〈カラー版〉国民の文学』は大衆文学全集といえようか。この『〈カラー版〉国民の文学』シリーズもまた刊行途中に河出事件の直撃を受けるが、それでも翌六九年の年末には、当初の予定通り全二六冊を刊行して、無事に完結する。ところが、河出事件の直前には、さらにもう一つの〈カラー版〉の『国民の文学』の企画が進んでいたのである。正確には『〈カラーコンパクト版〉国民の文学』というもので、大佛次郎『鞍馬天狗』を第一回配本として、六八年七月にスタートの予定であった。一九六八年の「河出　新刊ニュース」五には、小松伸六が「大衆文学のおもしろさ　大佛次郎『鞍馬天狗』について」という短文を寄せている。〈カラーコンパクト版〉ということで、持ち運びやすく求めやすい価格の叢書と推測されるが、『鞍馬天狗』は既に刊行中の、四六判の『〈カラー版〉国民の文学』にも収載されているから、どのように棲み分けをしようとしたのであろうか。筆者自身も、そのあたりに興味があり、〈カラーコンパクト版〉に密かに期待していたのであったが、結局これは計画倒れに終わったようである。〈カラー版〉になった『国民の文学』には、全巻完結した四六判と、刊行されなかったコンパクト版の二つがあったのであった。

二 『河出世界文学大系』

時は流れ、一九八〇年十一月のこと、『河出世界文学大系』という叢書が刊行されている。文学全集の刊行には多くの出版社が参入、当然叢書名には近似するどころか、全く同じものさえ少なくなかった。『日本文学全集』や『世界文学全集』のような、ほとんど普通名詞化したものは別であるが、それ以外のものは、出版社によって多少固有の名称があり、それらは一種の紳士協定として尊重されていたのではないかと思われる。たとえば『世界の文学』『日本の文学』のような、極めて普遍的と思われる名称も、ジュニア版などの一部を除けば、あまり使用されない。『世界の名著』『日本の名著』など一貫してこの形式の名称を使用する中央公論社への敬意と見ても良かろう。同様に『世界文学大系』『筑摩世界文学大系』『現代文学大系』など「大系」という名称は、なんとなく筑摩書房の専売特許のような印象を与えられていた。それだけに、今回の『河出世界文学大系』という呼称には多少の違和感を感じるものがある。河出書房自身は、叢書名は『世界文学全集』という一般的なものを使い、これに〈決定版〉〈特製豪華版〉〈グリーン版〉〈豪華版〉〈カラー版〉という愛称を冠することによって、区別していたからである。それでは、今回河出書房はなぜ新しい愛称を用いなかったのだろうか。それは、この叢書が、先行するあるシリーズの改編異装版だからであった。『河出世界文学大系』は、四六判で全一〇〇冊である。判型も冊数も完全に一致する先行の全集はないが、冊数だけで言えば、あの〈グリーン版〉が重なり合う。実は『河出世界文学大系』は、〈グリーン版〉の「第一集」「第二集」「第三集」を一旦解体し、作家や作品の成立の早い順番に編年体に再構成したものなのである。『河出世界文学大系』の冒頭の一〇冊を並べてみてみよう。

第一巻　ホメロス、アイスキュロス他　『イリアス』『オデュッセイア』他
第二巻　ヴァールミーキ『ラーマーヤナ』
第三巻　ダンテ『神曲』
第四巻　ボッカッチョ『デカメロン』
第五巻　ラブレー『ガルガンチュワとパンタグリュエル物語』
第六巻　シェイクスピア（一）『ハムレット』『リヤ王』『マクベス』他
第七巻　シェイクスピア（二）『オセロー』『リチャード三世』『夏の夜の夢』他
第八巻　セルバンテス『ドン・キホーテ』

第九巻　モリエール『守銭奴』『病いは気から』『女房学校』他
第一〇巻　曹雪芹『紅楼夢』

これらは、〈グリーン版〉と内容的に完全に重なる。『河出世界文学大系』の巻序と〈グリーン版〉のそれとを対比させてみると次のようになる。

第一巻　「第三集」第一巻
第二巻　「第三集」第二巻
第三巻　「第三集」第三巻
第四巻　「第二集」第一巻
第五巻　「第三集」第四巻
第六巻　「第一集」第一巻
第七巻　「第二集」第二巻
第八巻　「第二集」第三巻
第九巻　「第三集」第六巻
第一〇巻　「第三集」第五巻

こうしてみると、元版の〈グリーン版〉の各集の性格も鮮明に浮かび上がるようで面白い。第二章で、〈グリーン版〉は、当初の四八冊（「第一集」）に比べると「第二集」「第三集」は古典を中心に増補したと述べたが、そのことが裏付けられる。最初の一〇冊には「第一集」からはシェイクスピア（一）一冊しか入っていないが、「第二集」からは、ボッカッチョ、シェイクスピア（二）、セルバンテスの三冊がここに位置づけられる。「第三集」からはホメロス以下の六冊と、次第に多くなっていくのである。

　このように、『河出世界文学大系』は、実は小B六判であった〈グリーン版〉の判型を四六判に拡大し、叢書名は改めて、巻序を一つの流れにまとめたものなのである。その意味で、五九年に完結した〈決定版〉を六二年に〈特製豪華版〉に改編・改装した例に近い。ただあのときは、装丁は改めたが判型はもとの菊判のまま、今回は判型も改めているので、別種の全集の趣がある。

　文学全集の時代であった六〇年代から遠く離れて、あと一か月で八〇年代に入ろうとするころ、新しい世界文学の全集の編纂、刊行については厳しい状況であったと思われる。河出書房としては、自社の最大のロング・セラーであり、「二〇〇〇万人の日本人に愛読」[3]された〈グリーン版〉を、化粧直しを施して、より若い読者、新しい読者のもとに届けたいと考えたのではなかろうか。巻序を改めたとはいえ、〈グリーン版〉と内容は同じものであるから〈……版〉という新たなシリーズ名よりも、『河出世界文学大系』と、多少傾向の異なった叢書名を採用したのであろう。〈決定版〉と〈特製豪華版〉の時は、わずか三年後のことであったが、今回は〈グリーン版〉の刊行開始から既に二〇年以上が経過しているので、新しい愛称も似つかわしくはなかろう。そして何よりも〈グリーン版〉は正に、河出書房の世界文学の大系であったのである。

四六判になったので、各ページはゆったりとした感じである。装丁は阿部知二『〈カラー版〉世界文学の歴史』（河出書房、一九七一年四月）の装丁を担当した広瀬郁。広瀬はこの前年、同じ河出書房のロングセラー『日本歴史大辞典』（全一二巻）の新装増補改訂版の装丁も行っている。外函も堅固な貼函である。

内容のみならず、挟み込みの月報も〈グリーン版〉のものを利用している。第二九巻の『ジェイン・エア』の月報の例で見てみよう。〈グリーン版〉では、「第一集」の第七巻がC・ブロンテの巻であるが、その月報は八ページからなり、篠田一士「『ジェイン・エア』讃」、相良次郎「シャーロットの恋文」、瀬沼茂樹「漱石ジェイン・エアを読み…」の三編を収載している。『河出世界文学大系』の月報も全く同じものを版組もほぼそのままの形で載せている。もちろん版面利用ではなく、新たに組版をしているので、一部行送りが異なっている箇所などあるが、僅かの違いを除けば改行なども含めて〈グリーン版〉と同じである。肩書きは当時の所属先などが記されていたので、削除されている。月報中に挿入される写真は一部差し替えられていて、一ページは〈グリーン版〉では「シャーロットを描いたとされる肖像画」であったものが、『河出世界文学大系』では「映画『ジェイン・エア』より」という一齣に替わり、三ページの「晩年のエジエ夫人」は「ギャスケル夫人」に差し替えられている。それでも、元の位置に全く同じ大きさで巧みに入れ替えられているので、そうした作業を経ているとはちょっと気がつきにくい。月報も再利用するのは、『〈ワインカラー版〉日本文学全集』と『国民の文学』（六三年刊行の方）の時に経験済みであったから[4]、お手のものであったのであろう。

『河出世界文学大系』の奥付は、全冊が一九八〇年十一月三〇日の初版で一致しており、セット販売されたものであるが、では元版の〈グリーン版〉はこれにともなって絶版にされたかというとそうではない。第二章にも記したように、ジェイムズ・ジョイスの『ユリシーズ』など、平成になって刊行された〈グリーン版〉も確認できるのである。〈グリーン版〉の生命力は別格であったことがこれからも分かる。

三　『〈ステラ版〉河出世界文学全集』

一九六〇年代は、最も充実した文学全集の時代であり、河出書房は紛れもなくこの時代の文学全集出版の一方の雄であった。西暦で考えるのを一旦止めて、元号単位で見ていけば、改造社『現代日本文学全集』や、新潮社『世界文学全集』などと共に始まった昭和という時代もまた、文学全集の時代であった。やがて昭和は泥沼の戦争の時代へと突き進んで行くのであるが、この未曾有の世界戦争と敗戦の痛手から十年も経過しないうちに、角川書店『昭和文学全集』、筑摩書房『現代日本文学全集』など、円本時代以来の再度の文学全集ブームを現出している。その世界戦争を挟んで、河出書房が

『世界文学全集』の灯火を守り続けた存在であったことは第一章で述べたところである。そのような昭和の時代も五十年以上経過した一九八〇年（昭和五五年）に出版された『河出世界文学大系』は、過ぎ去った文学全集の時代、過ぎゆこうとしている昭和という時代への、一つの挽歌でもあったのではなかろうか。

その河出書房は、元号が平成と改まった年、一九八九年十月に、もう一度『世界文学全集』を世に送ることとなる。これが『〈ステラ版〉世界文学全集』と呼ばれるものである。新しい時代に再度文学全集の可能性を探ろうとしたのかもしれない。

〈ステラ版〉は、菊判で全二五冊、判型は大型だが、冊数としては小型の小規模なものである。文学全集的教養や読書が省みられなくなって久しく、多くの出版社も文学全集から撤退している現状では、[5]二五冊という冊数が限界であったのかもしれない。本書で取り上げる最後の全集でもあり、文学全集の冬の時代に、古典から近代までを俯瞰する全集を刊行しようとするとどのような選択になるのか、どのような作家や作品が最後に残ったのかを明瞭に示しているので、全体の概要を見ておきたい。

第一巻　ダンテ『神曲』
第二巻　シェイクスピア　『ハムレット』『ロミオとジュリエット』他
第三巻　ゲーテ『ファウスト』『若いウェルテルの悩み』他

第四巻　スタンダール『赤と黒』『カストロの尼』他
第五巻　ポー『黒猫』『モルグ街の殺人』他、ホーソーン『緋文字』
第六巻　ディケンズ『二都物語』『クリスマス・キャロル』他
第七巻　メルヴィル『白鯨』
第八巻　C・ブロンテ『ジェイン　エア』、E・ブロンテ『嵐が丘』
第九巻・一〇巻　ユゴー『レ・ミゼラブル』（一）（二）
第一一巻　フローベール『ボヴァリー夫人』、モーパッサン『女の一生』他
第一二巻　ドストエーフスキイ『罪と罰』
第一三巻・一四巻　トルストイ『戦争と平和』（一）（二）
第一五巻　チェーホフ『桜の園』『三人姉妹』、イプセン『人形の家』
第一六巻　ジィド『狭き門』『田園交響楽』『贋金つかい』他
第一七巻　プルースト『花咲く乙女のかげに』
第一八巻　トーマス・マン『ブッデンブローク家の人々』
第一九巻　ヘッセ『郷愁』『車輪の下』『知と愛』他
第二〇巻　カフカ『城』『変身』、サルトル『水いらず』『部屋』『汚れた手』
第二一巻　魯迅『阿Q正伝』『狂人日記』他、老舎『駱駝祥子』

第二二巻・二三巻　ミッチェル『風と共に去りぬ』（一）（二）
第二四巻　ヘミングウェイ『誰がために鐘は鳴る』『キリマンジャロの雪』他
第二五巻　現代の文学　ケルアック『路上』、シリトー『土曜の夜と日曜の朝』、ブローティガン『西瓜糖の日々』、デュラス『愛人』

二五冊という極めて制限された冊数ではあるが、ダンテ『神曲』から『現代の文学』の各編まで、古典から現代文学へとバランス良くまとめている。時代や特定の国に偏することなく、古典から現代文学までの必読の名作を巧みに纏め上げていると言えよう。

もちろん、文学全集の黄金時代六〇年代をはるかに離れて、全く新しい企画を立案できる時代でもなく、それが許される状況にもない。当然、河出書房の過去の豊かな財産に立脚したものであろうことが推測できよう。そこで、二五冊という冊数から、まず〈豪華版〉との関連を考えたくなるが、そうではない。次に考えられるのが、判型が共通する菊判の〈カラー版〉との関係であるが、〈カラー版〉は、刊行当初の計画では全三八巻別巻二冊、増補された最終形態は全五〇巻別巻二冊で、今回の〈ステラ版〉とは冊数に大きく隔たりがある。実は、今回の〈ステラ版〉は、かつての〈カラー版〉の最終形態の全五二冊から、二四冊を抜き出して、これに『現代の文学』の第二五巻を付加したものなのである。装丁は渋川育由が担当している。

一九八〇年の『河出世界文学大系』が、いわば〈グリーン版〉を丸ごと再生させたものであったが、一九八九年の〈ステラ版〉では、〈カラー版〉をそのままの形で復活させることは最早叶わなかった。この十年間で、文学全集を取り巻く読書環境や出版環境の変化が更に進んでいたと言うことだろうか。ともあれ、〈カラー版〉の五二冊を半分以下の二四冊に圧縮したのが、この〈ステラ版〉の骨格である。トルストイやドストエーフスキイでさえ一作品に絞り込まれているのであるから、〈ステラ版〉では姿を消してしまった作家も多い。〈カラー版〉から〈ステラ版〉へと移行する過程で消えた主要な作家は、バルザック、オースティン、ゾラ、ロマン・ロラン、ロレンス、スタインベック、パール・バック、ショーロホフ等々である。これらの中には他社から個人全集が刊行されているものや、複数の出版社から文庫が刊行されているものも多く、河出書房はそうした事情も勘案したであろうが、それにしてもこれらの文豪の名前が消えたことには一抹の寂しさを覚える。

〈ステラ版〉で新たに編纂された第二五巻『現代の文学』の作品選定は、いかにも河出書房らしい色彩を持っている。所収四作品の内、ケルアック『路上』、シリトー『土曜の夜と日曜の朝』、ブローティガン『西瓜糖の日々』は、〈ステラ版〉よりちょうど十年くらい前、七〇年代末期に人気を呼んだ『河出海外小説選』に収載されたものである。このシリーズの所収作品を中心に〈ステラ版〉の第二五巻『現代の文学』は構成されているといえよう。もっとも、『路上』は早く五〇年代末期に、河出書房の『世界新文学双書』の一冊として刊行されているし、『土曜の夜と日曜の朝』は〈カラー版〉とほぼ同時期に刊行されていた『今日の海外小説』の一冊でもあった。筆者も〈カラー版〉挿入の新刊ニュースに導かれて、『今日の海外小説』の『土曜の夜と日曜の朝』を読んだ一人である。このシリーズには、マルグリット・デュラスの『破壊しに、と彼女は言う』も入っていたことも想起される。上記三冊に、デュラスの代表作のようになった『愛人』を加えて、『現代の文学』は編まれている。

おわりに

こうして見てくると、河出書房の『世界文学全集』は、やはり黄金の六〇年代と共にあったのではないかという思いを改めて強くする。一九六八年の河出事件で配本が途絶した後、未刊行の冊数が多かった『〈カラー版〉日本文学全集』や『〈グリーン版〉日本文学全集』などは、配本再開後も約三年間刊行が継続され、その完結は七〇年代はじめに持ち越された。日本文学に関しては、他にも『〈カラー版〉日本の古典』などが七〇年代前半の刊行物である。これに対して、『世界文学全集』はすべて六〇年代に完結しているのである。河出事件当時、残り数冊ということで、ほとんど影響のなかった〈豪華版〉は六八年の内に完結、配本再開以後に一二冊の増巻をした『〈カラー版〉世界文学全集』も、一九七〇年にはその増巻分も含めて見事に完結した。こうして六〇年代には〈グリーン版〉〈豪華版〉〈カラー版〉の三種類の全集が揃ったのである。これに『〈カレッジ版〉世界名作全集』や、未完成に終わった〈ポケット版〉〈キャンパス版〉なども含めて、河出の六〇年代が終焉を迎える。文学離れ、文学全集離れが徐々に進んでくる七〇年代にはいると、もはや新しい『世界文学全集』の企画を起こすこともなくなる。

それでも、読者は〈グリーン版〉を中心とした河出書房の『世界文学全集』を支持し続けてきたようである。第二章の冒頭で述べたように、〈グリーン版〉は平成に入ってもまだまだ重版を重ねているのである。恐らくそれら読者の要望に答える形で、〈グリーン版〉を再生させる形で『河出世界文学大系』が計画され、もう一つの六〇年代の顔でもあった〈カラー版〉を時代に相応しく生まれ変わらせるために〈ステラ版〉の企画がなされたのであろう。一九七〇年の〈カラー版〉の完結以降、一九八〇年の『河出世界文学大系』、一九八九年の『〈ステラ版〉世界文学全集』と、異装版や縮小再生産ではあるけれども、こうした叢書を十年おきに世に送り続けてきた意義も決して小さなものではなかろうと思われるのである。

終　章

新しい文学全集の名前を聞かなくなって久しい。

河出事件の後も、しばらくの間は他社の『世界文学全集』が競い合っていたが、次第にそれも下火になっていった。一九六八年、正に河出事件のその年に刊行を開始した新潮社の『新潮世界文学』は、大文豪に絞り代表作を網羅する斬新な試みで注目されたが、(1)徐々に進む文学全集離れという流れを変えることまではできなかったのではなかろうか。講談社や筑摩書房もそれなりの健闘を見せたが、以降の『世界文学全集』の分野を支えたのは、後発の集英社であったというところが正確な認識であろう。(2)

七〇年代には『世界文学全集』の分野へ新規参入を果たした出版社はほとんどなく、僅かに、七七年の学習研究社の『世界文学全集』があるくらいである。学習研究社のそれは、好企画であった約十年前の同社の『現代日本の文学』の姉妹編として編纂されたが、この十年間の文学全集の退潮をまともにうけた形で、出版部数は『現代日本の文学』に比べて大きく落ち込んだのではなかろうか。全集の時代が去った後にこうした試みをする姿勢は、学年誌などで中等教育を支えてきた出版社の矜持のようなものであっただろう。(3) 私自身が『世界文学全集』を最も多く耽読したのが、高校生時代であったから、学習研究社のこの姿勢はなんとなく分かるような気がする。それにしても、文学全集の黄金時代に出会うことのできた幸運を改めて思っている。

八〇年の『河出世界文学大系』を挟んで、最後に刊行されたのが八九年の『〈ステラ版〉河出世界文学全集』全二五巻であった。同じ年に、上述したように、この分野の担い手であった集英社から『ギャラリー世界の文学』全二〇冊が刊行されている。八〇年代も末期の文学全集の冬の時代に新編集で臨んだ『ギャラリー世界の文学』もまた、出版社としての矜持の現れであったかもしれない。

あまりに月並みな表現で使用するのが憚られるのだが、冬の時代を経て、その後は文学全集にとっては正に氷河期であったといわざるを得ない。平成に入ってそろそろ二〇年近く、この間新しい世界文学全集の企画は全く行われなかった。これほどまで長期間、『世界文学全集』の新企画がなされなかったのは、戦後はじめて、いや昭和の全時代を通じても例がなかったことである。

僅かながらその氷を溶かす東風が感じられるようになったのが、昨年、二〇〇六年のことである。丸谷才一・鹿島茂・三浦雅士の練達の読書人たちの鼎談『文学全集を立ちあげる』（文藝春秋刊）が大いに話題を呼んだ。前年二〇〇五年の『文藝春秋』増刊号の「決定版・世界文学全集を編纂する」が大好評で、これに加筆し、日本文学全集の同様の試みを追加したものである。こういった書物が迎えられるのは、何か風向きが変わろうとしているのではなかろうか。もちろんこの書物で展開されているのは、単純に過去の文学全集へのノスタルジーや回顧ではなく、いわんやそれらへの回帰ではない。架空の文学全集の編纂という形を取っているものの、現在望みうる最善の文学全集とはどういう内容のものかが開陳されており、優れて今日的視点からの、過去の文学全集の編目に対する鋭い批判も籠められている。こうした書物が刊行され話題となっているのは、やはり文学全集というものに対する考え方が、また少し変わりつつあることを示しているのであろう。

もう一つ注目されるのは、光文社から、古典新訳文庫の刊行が始まったことである。古典と言っても、文学作品に限定されているのではなく、ミル『自由論』やレーニン『帝国主義論』などの著作も含んでいるが、中でも亀山郁夫の新訳の『カラマーゾフの兄弟』が多くの読者に迎えられ、早くも新しい名訳としての位置を確立しているようである。ほかに小尾芙佐訳の『ジェイン・エア』が永遠の青春文学に新たな生命を吹き込んでいる。新時代に相応しい新訳の刊行が、従来の文学全集を知らない新しい読者をも獲得しているようである。

実は、光文社の文庫と、文学全集の因縁は浅からぬものがある。戦後すぐの混乱期に、『日本文学選』という、一種の日本文学の選集を文庫判でいち早く刊行したのがほかならぬ光文社であった。用紙なども最悪の時期であり、激しいインフレで増刷の度に定価が変わり、ものによっては一〇倍以上の値上がりをしたものもあるが(4)、この文庫に何冊も収められた、夏目漱石や国木田独歩の作品群によって、読書の渇を満たした日本人は決して少なくなかったであろう。この『日本文学選』は、数年後の『昭和文学全集』、『現代日本文学全集』への小さなさきがけでもあった。今回も、光文社の古典新訳文庫が、新しい『世界文学全集』の胎動を予知するものではないかという期待を込めて筆を置くことにしたい。

[注]

序章

(1)田坂「角川書店の『昭和文学全集』の変化」『文藝と思想』六九号、二〇〇五年三月。『昭和文学全集』については、高島健一郎「角川書店版『昭和文学全集』の販売戦略─戦後全集本ブームと文学状況をめぐって（一）」（『近代文学研究』二一号、二〇〇四年三月）の分析も有益。(p.1)

(2)ベストセラーのデータは出版ニュース社の『出版年鑑』に拠る。またベストセラーの分析に関する書籍は多いが、塩澤実信『昭和ベストセラー世相史』（第三文明社、一九八八年十月）が巧みにまとめている。(p.2)

(3)一九六八年の「河出事件」は二回目の倒産騒動で、一九五七年に『〈決定版〉世界文学全集』の刊行中に、河出書房は一回目の倒産を経験している。(p.3)

第一章

(1)一九四〇年に刊行を開始したものには、もう一つ中央公論社『現代世界文学叢書』がある。小規模なもので、書誌データも完備していないようで、『世界文学全集・内容総覧』（日外アソシエーツ、一九八六年二月）では全九巻でうち三、五、七、八巻未確認とする。国会図書館のNDL─OPACでは二、四、五、七〜一二、一四巻のみが所蔵と出てくる。ただ手許には第一三巻『大飢餓』があるし、大学図書館ではこの他の巻も所蔵されているようである。(p.6)

(2)本書で使用するNACSIC WEBCATのデータは、二〇〇七年五月一日現在のものである。(p.8)

(3)田坂「『川端康成全集』とNACSIC WEBCAT」（『大学図書館の挑戦』和泉書院、二〇〇六年十一月）(p.9)

(4)三笠書房の『世界文学叢書』は『源氏物語』をも「世界文学」の中にいち早く位置づけているなど卓越した企画で、装丁も藤岡光一こと三笠書房創業者の竹内道之助自身が担当している。また矢口進也『世界文学全集』（トパーズプレス、一九九七年十月）では、この新潮社と三笠書房の二つの『現代世界文学全集』の関係を適切にまとめている。猶、『世界文学叢書』の装丁のことなど、田中栞氏の教示を得た。(p.16)

(5)矢口注（4）書には「五三年十一月に……刊行開始」、と記されており、実際には十一月に刊行されていたのかもしれないが、奥付の記載に従っておいた。

(p.17)

(6)この内容見本の表紙は、紀田順一郎『内容見本に見る出版昭和史』（本の雑誌社、一九九二年五月）一三四ページに書影が掲載されている。(p.18)

(7)『日本国民文学全集』の改装版とは、一九五九年頃刊行された水色の堅牢な貼函入りのもので、奥付には「第二次」と記されているものを指す。最も良く流布した一九五五年刊行の初版は、鮮やかな朱色の紙函入りで三四〇円であった。(p.19)

(8)矢口注（4）書。(p.20)

第二章

(1)一九七〇年頃に重版された『〈グリーン版〉世界文学全集』に付けられていた緑色の小ぶりの帯の惹句。反対側には「古典から現代まで、世界文学の名作を完璧に網羅した永遠のライブラリー」と記される。手許の例で言えば『風と共に去りぬ（一）〜（三）』、七〇年四月四〇版、にこの帯がある。(p.25)

(2)手許の例を挙げれば、第二集第一三巻、ジェイムズ・ジョイス『ユリシーズ（一）』、一九六四年（昭和三九年）八月初版、九二年（平成四年）二月二五日二九版、二六〇〇円、同一四巻、同（二）、六四年十一月初版、九二年六月三〇日二四版、二六〇〇円である。装丁も外函も〈グリーン版〉本来のものであるが、唯一ビニールカバーのみ薄いグリーン色のものであったのが、透明なものに変っている。ビニールカバーの横縞も細い等間隔のものにデザインが変化している。(p.25)

(3)これ以外にこの年刊行されたものに、小B六判の『〈カレッジ版〉世界名作全集』がある。第四章「文学全集から見た河出事件の背景」参照。一九六六年七、八月には〈グリーン版〉〈豪華版〉〈カラー版〉〈カレッジ版〉と四種類の『世界文学（または名作）全集』が配本された。(p.27)

(4)その危険性は一九六八年に現実のものとなる。第四章「文学全集から見た河出事件の背景」参照。(p.27)

(5)紀田順一郎『内容見本に見る出版昭和史』（本の雑誌社、一九九二年五月）。また矢口進也『世界文学全集』（トパーズプレス、一九九七年十月）もこの前後の分析にすぐれる。(p.31)

(6)「日本の本屋から出る『世界文学全集』など、私はまっさきに『万葉集』だとか『源氏物語』とかそういうのだと思っていたら、日本人は世界文学というのは外国文学だと思っている。」（パネルディスカッション「国文学研究の未来—古代文学を中心として—」にお

ける発言。全国大学国語国文学会『文学・語学』一七三号、二〇〇二年七月）。(p.31)
(7)平凡社『世界名作全集』は、外国文学三五冊、日本文学一五冊の全五〇冊でスタート、後に外国文学一五冊、日本文学五冊が増巻、合計七〇冊に別巻三冊となる。(p.33)
(8)『凱旋門』は〈決定版〉当初の二四冊には入っていなかったが、二五冊目として第一期の中に含まれることになった。第一章参照。(p.34)
(9)紀田注（5）書。(p.34)
(10)年月が経つと初版・改装版の区別が付かなくなる。『クロニック講談社の80年』（講談社、一九九〇年七月）では『傑作長篇小説全集』の第一期ではなく、第二期の異装版の写真が掲載される。田坂「講談社『日本現代文学全集』とその前後」（『香椎潟』五〇号、二〇〇四年十二月）参照。(p.37)
(11)田坂「『源氏物語』と『日本文学全集』―戦後『源氏物語』享受史一面―」（『源氏物語とその享受　研究と資料』武蔵野書院、二〇〇五年十月）。(p.40)
(12)臼田捷治『装幀時代』（晶文社、一九九九年十月、二六ページ）。(p.40)
(13)多川精一『太田英茂』（ＥＤＩ、一九九八年四月）。『戦争のグラフィズム』（平凡社ライブラリー、二〇〇〇年七月）、初版は一九八八年五月。など。(p.41)
(14)『怒りの葡萄』は一九三九年製作、日本公開は一九六三年、『武器よさらば』は一九五七年製作、『老人と海』は一九五八年製作であった。(p.42)
(15)矢口注（5）書(p.43)
(16)『日本文学全集』内容見本。(p.46)
(17)田坂注（11）論文。(p.47)
(18)挟み込みチラシ「河出書房の新刊」（六七年五月）「グリーン版の特色」(p.48)

第三章

(1)『風と共に去りぬ』と三笠書房については、大輪盛登『巷説出版界』（日本エディタスクール出版部、一九七七年十一月）に活写されている。(p.51)
(2)『朱筆　出版日誌　１９６８―１９７８』（みすず書房、一九七九年四月）には、競合する他社に対抗するために「東北地方の片田舎」までヘリコプターでビラをまいたという逸話が紹介されている。(p.52)
(3)出版社の側からの、多くの全集では、配本が進むにつれて「次第に部数が減少し、最終巻では、半数ほどに落ち込むのが常」との証言がある（『学習研究社五〇年史』学習研究社、一九九七年三月）。(p.54)

(4)田坂「新潮社の『日本文学全集』の動静」(『香椎潟』四九号、二〇〇三年六月)。(p.55)
(5)舟橋聖一『寝もやらぬ夏子』(新潮社、一九五五年二月)。舟橋のいわゆる「夏子もの」はフィクションであるが、同時代証言として五〇年代の貴重な記録である。(p.58)
(6)映画『戦争と平和　完結編』公開時のパンフレットによる。猶、ソビエト映画の影響は、近時にまで及び、二〇〇六年からは岩波文庫の『戦争と平和』のカバーにまで使用されている。(p.60)
(7)挟み込みチラシ「河出書房の新刊」(六六年二月)による。(p.60)
(8)注(6)の資料による。(p.60)
(9)〈カラー版〉内容見本や、刊行当時の挟み込みチラシなどには必ずこの記述があった。(p.61)
(10)『源氏物語』下巻に挟み込みのしおりによる。(p.64)

第四章

(1)紀田順一郎は、一九五〇年代末に、『〈決定版〉世界文学全集』を刊行中の河出書房が、その一方で〈小型版〉の刊行に踏み切った経緯を、達意の文章でまとめている(『内容見本に見る出版昭和史』本の雑誌社、一九九二年五月)。(p.69)
(2)『学習研究社五〇年史』(学習研究社、一九九七年三月)では、多くの全集は配本が進むにつれて売れ行きが落ち込み、最終回配本では半数ほどの部数になるのが一般的だが、同社の文学全集は直販の強みで乗り切っていると述べている。(p.69)
(3)この時点で〈グリーン版〉の名称を使用するのは厳密に言えば歴史的事実に反するが、第二章で検討済みであるので、本章ではこれを用いる。(p.69)
(4)「カラー版　日本文学全集　源氏物語(下)しおり—2」の編集室だよりによる。与謝野源氏と河出書房の全集の関係は、田坂「『源氏物語』享受史一面—『日本文学全集』—戦後『源氏物語』享受史一面—」(『源氏物語とその享受　研究と資料』武蔵野書院二〇〇五年十月)参照のこと。(p.71)
(5)映画の一場面を含むので「壁掛け用絵画」を「壁掛け用セット」に名称を改めたのである。『戦争と平和』はその後も順調に売れ行きを延ばし、六六年三月挟み込みチラシ「河出書房の新刊」三では「四〇万部突破重版発売中!」と記され、同じく四月の「河出書房の新刊」四では、「重版につぐ重版ついに四〇万部突破!」「『戦争と平和1』は五月末まで特価四九〇円でお求めになれます」と記している。発売当初の特価設定は三月末までであったが、好評に答えて延長したものであろう。なお、特価設定が次第に河出書房をむしばんでいく過程は、四節で詳述する。(p.71)

(6)田坂注(4)論文。(p.72)

(7)ほとんどの巻のカラー口絵に映画の場面を使用するのは、河出書房の全集の中でも、本シリーズが嚆矢である。発行時期が近い例で示せば〈豪華版〉第一集全二五冊のうち口絵にスチールを使用するのは『風と共に去りぬ(一)(二)』『静かなドン(一)』の三冊のみ、〈カラー版〉全五二冊は作家の肖像画や写真を口絵に使い、唯一の例外で『風と共に去りぬ(二)』がビビアン・リーとクラーク・ゲーブルの写真を使用する。(p.75)

(8)五ページに上下二段に総計一〇枚のスチールを並べるのが基本型であるが、『風と共に去りぬ(一)』は、スカーレット、レット、アシュレイ、メラニーの主要四人物を同ページ四分割で載せており、総計一二枚となる。『戦争と平和』『アンナ・カレーニナ』『大地』などのように二分冊以上の場合は絵入り本の挿絵などを併用する場合があり、『怒りのぶどう』は一ページだけは「参考地図」である。全く映画のスチールを使用しないのは、第四巻『ジェイン・エア』、第一七巻『車輪の下　他』の二冊のみである。(p.75)

(9)第九〜一一回配本の『風と共に去りぬ』の帯は、他巻の帯より天地各二センチ程度大きなものを使用し、そこには「原作刊行三〇年記念　定価二九〇円」と記されている(p.76)

(10)『〈グリーン版〉世界文学全集』ではもともと帯に映画の場面が多用されていたが、『戦争と平和』『風と共に去りぬ』『誰がために鐘は鳴る』などでは増刷の時に函全体を覆うカバーに映画の一場面が大きくデザインされたものがある。日本文学関係では『現代の文学』に映画の写真を使用するものが多く、『〈カラー版〉日本文学全集』第一回配本の『坊っちゃん』の帯には六六年公開の坂本九主演の松竹映画の一場面が使われているものがある。(p.76)

(11)『キネマ旬報』六六年五月上旬号、淀川長治「映画で世界文学全集ブーム」。当時の『キネマ旬報』の表紙見返しには話題の文芸映画の宣伝が多いが、六六年十月上旬号の『赤と黒』の時は、「原作スタンダール(邦訳・河出のカラー版世界文学全集)」と、六七年十一月上旬号の『戦争と平和〈完結篇〉』の時は「原作=レフ・トルストイ〈河出書房・刊〉」とことさらに河出書房の名前が出されることが多い。猶、『嵐ケ丘』の日本初公開は一九五〇年、『西洋シネマ大系 ぼくの採点表II 一九六〇年代』（トパーズプレス、一九八八年六月）には、五〇年当時の双葉十三郎の批評が収録されている。(p.76)

(12)これは巻末に記された刊行予定の冊数。実際には後述するごとく、二一冊で途絶した。(p.77)

(13)このころ作製された〈カレッジ版〉の外函には誤植のあるものがある。第二一回配本の第二三巻『怒りのぶどう』の下小口には「第二二回配本」とあり、逆に第二二回配本の第一五巻『人間の絆』の下小口には「第二一回配本」と記される、予告チラシでも『怒りのぶどう』が先に配本される予定であり、奥付・帯の記載も一致することから、外函作製時の誤植であろうか。いずれにしても細かなチェック体制が崩れ始めているのではないか。些細なことではあるが、外函などは図書館などでは保存されないから、あえて付言した。(p.79)

(14)日本出版学会編『出版の検証 敗戦から現在まで』（文化通信社、一九九六年十二月）は戦後五〇年の出版史を鳥瞰した好著であるが、やはり「河出書房倒産一九六八」に一章を割いている。そこでは、同じ三〇センチLP付きの企画として競合した『世界音楽全集』が、講談社版の二七〇〇円に対して、河出書房は「二、四〇〇円の特価で対抗した」と記されているが、誤植ではないか。実際には定価一二五〇円、全巻予約特価九八〇円、全巻予約者第一回配本六八〇円という、〈ポケット版〉同様の河出書房得意の三段階特価であった。(p.80)

(15)ロランの『ジャン・クリストフ』はこのシリーズの平均ページ数を大幅に超過しているため、六八〇円という価格にせざるを得なかったが、買い得感を出すためか、付録に「エリーゼのために」「月光」などのソノ・シートを付けた。第三章「〈豪華版〉と〈カラー版〉の展開」参照。(p.81)

(16)「カラー版 日本文学全集 ホーム・ライブラリー〈2〉」(p.81)

(17)第二章の基になった報告を、日本出版学会二〇〇四年春季大会で行ったとき、会員で装丁家の大貫伸樹氏から河出書房の造本を象徴する色（カラー）について考えるように示唆をいただいたことがヒントになっている。(p.85)

(18)〈カレッジ版〉〈ポケット版〉〈キャンパス版〉の解説が〈グリーン版〉のものをほぼそのまま使用してい

ることは、次節参照。(p.85)

(19)矢口進也『世界文学全集』(トパーズプレス、一九九七年十月)。(p.88)

(20)『世界文学全集・内容総覧』(日外アソシエーツ、一九八六年二月)(p.88)

(21)福岡女子大学では全冊所蔵しているがWEBCATには反映されていない。WEBCATではごく一部が東大・明海大に所蔵とのデータが出るが、ほかにも所蔵大学があるのではないか。公立図書館では、宮城・秋田・栃木・福岡・長崎県立図書館などで所蔵する。(p.89)

(22)NDL—OPACでは全一〇〇冊のうち半数程度しか所蔵データが出ない。(p.89)

(23)阿部知二、石坂洋次郎、犬養道子、円地文子、大宅壮一、岡本太郎、開高健、北杜夫、柴田翔、杉捷夫、曾野綾子、高橋和巳、中野好夫、長洲一二、羽仁進、真鍋博ほかの三四氏、と記されている。(p.92)

第五章

(1)筑摩書房の会社更生法の申請は一九七八年七月のこと、当時筑摩書房の世界文学の叢書としては一九七一年からの『筑摩世界文学大系』が刊行途中であった。(p.102)

(2)田坂「『源氏物語』と『日本文学全集』—戦後『源氏物語』享受史一面—」(『源氏物語とその享受　研究と資料』武蔵野書院、二〇〇五年十月)。(p.105)

(3)本書、第二章「はじめに」参照。(p.109)

(4)田坂注(2)論文。(p.111)

(5)日本文学の全集も同じ傾向で、平成になって刊行が始まったものは文庫判の『ちくま日本文学全集』くらいである。(p.112)

終章

(1)『新潮世界文学』を含む新潮社の全集については、田坂『大学図書館の挑戦』(和泉書院、二〇〇六年十一月)第二章六「新潮社の世界文学全集に見る出版文化史」で簡単に触れた。(p.118)

(2)矢口進也『世界文学全集』(トパーズプレス、一九九七年十月)。(p.118)

(3)これら学習研究社の日本や世界の文学全集については、田坂「教養文化と出版史の動向について—学習研究社と旺文社の現代日本文学の全集—」『近代日本の精神形成史の研究』福岡女子大学、二〇〇五年三月、参照。(p.119)

(4)田坂注(1)書第二章二「小さな本の大きな世界」参照。(p.120)

付録　河出書房『世界文学全集』略年表

注記　同一年度内の関連記事は、河出関係記事、他社の世界文学全集、他社の日本文学全集の順に並べた。新潮社『世界文学全集』緑版以下、筑摩書房『筑摩文学全集』など改編版も影響の大きいものは掲出した。緑版・赤版の呼称は、田坂『大学図書館の挑戦』で命名したものを使用した。他社の日本文学全集は主要なもののみを掲出した。

	世界文学全集	日本文学全集	関連記事・他社の主要全集
一九四八（昭和二三）	『〈第一次〉世界文学全集』「十九世紀篇」		
一九四九（昭和二四）		『現代日本小説大系』	
一九五一（昭和二六）	『〈第一次〉世界文学全集』「古典篇」 『〈第一次〉世界文学全集』「十九世紀続篇」 『世界文学豪華選』		
一九五二（昭和二七）	『学生版　世界文学全集』		角川書店『昭和文学全集』 新潮社『現代世界文学全集』
一九五三（昭和二八）	『世界文豪名作全集』 『〈決定版〉世界文学全集』「第一期」	『現代文豪名作全集』	三笠書房『現代世界文学全集』 筑摩書房『現代日本文学全集』
一九五五（昭和三〇）	『〈決定版〉世界文学全集』「第二期」	『日本国民文学全集』	

一九五六（昭和三一）	『〈豪華特製版〉世界文学全集』（『〈決定版〉世界文学全集』「第一期」）		
一九五七（昭和三二）	『〈決定版〉世界文学全集』「第三期」		河出書房経営破綻（一回目） 新潮社『新版世界文学全集』 角川書店『現代国民文学全集』
一九五八（昭和三三）			筑摩書房『世界文学大系』 平凡社『世界名作全集』
一九五九（昭和三四）	『〈グリーン版〉世界文学全集』「第一集」		新潮社『日本文学全集』
一九六〇（昭和三五）	『〈グリーン版〉世界文学全集』別巻（白色）	『〈ワインカラー版〉日本文学全集』	筑摩書房『世界名作全集』 新潮社『世界文学全集』黄版 講談社『日本現代文学全集』
一九六一（昭和三六）			角川書店『昭和文学全集』
一九六二（昭和三七）	『〈特製豪華版〉世界文学全集』（『〈決定版〉世界文学全集』）		集英社『新日本文学全集』
一九六三（昭和三八）	『〈グリーン版〉世界文学全集』「第二集」	『現代の文学』 『国民の文学』	中央公論社『世界の文学』 筑摩書房『現代文学大系』
一九六四（昭和三九）	『〈豪華版〉世界文学全集』「第一集」 『〈グリーン版〉世界文学全集』「第三集」		筑摩書房『世界古典文学全集』

一九六五（昭和四〇）		『〈豪華版〉日本文学全集』「第一集」	中央公論社『日本の文学』
一九六六（昭和四一）	『〈カラー版〉世界文学全集』 『〈豪華版〉世界文学全集』「第二集」 『〈豪華愛蔵版〉世界文学全集』 『〈カレッジ版〉世界名作全集』		筑摩書房『世界文学全集』 文藝春秋『現代日本文学館』 集英社『日本文学全集』
一九六七（昭和四二）	『〈ポケット版〉世界の文学』 『〈キャンパス版〉世界の文学』	『〈カラー版〉日本文学全集』 『〈グリーン版〉日本文学全集』 『〈カラー版〉国民の文学』 『〈豪華版〉日本文学全集』「第二集」 『〈豪華愛蔵版〉日本文学全集』	講談社『世界文学全集』 新潮社『世界文学全集』緑版
一九六八（昭和四三）			河出書房経営破綻（二回目） 新潮社『新潮世界文学』 集英社『〈デュエット版〉世界文学全集』 筑摩書房『現代日本文学大系』 新潮社『新潮日本文学』
一九六九（昭和四四）	『〈カラー版〉世界文学全集』増巻		研秀出版『世界文学全集』 新潮社『世界文学全集』赤版 学習研究社『現代日本の文学』
一九七〇（昭和四五）		『〈カラー版〉日本文学全集』増巻	

一九七一（昭和四六）		『〈カラー版〉日本の古典』 『新鋭作家叢書』	筑摩書房『筑摩世界文学大系』 新潮社『世界文学全集』新赤版
一九七二（昭和四七）			集英社『〈愛蔵版〉世界文学全集』
一九七四（昭和四九）			講談社『〈オプション103〉世界文学全集』 筑摩書房『筑摩文学全集（近代世界文学・世界古典文学）』
一九七五（昭和五〇）			筑摩書房『筑摩現代文学大系』
一九七六（昭和五一）			集英社『世界の文学』
一九七七（昭和五二）			学習研究社『世界文学全集』 集英社『〈ベラージュ〉世界文学全集』 筑摩書房『世界の文学〈エテルナ38〉』
一九七八（昭和五三）			筑摩書房経営破綻
一九八〇（昭和五五）	『河出世界文学大系』		
一九八六（昭和六一）			小学館『昭和文学全集』
一九八九（平成元）	『〈ステラ版〉河出世界文学全集』		集英社『ギャラリー世界の文学』
一九九一（平成三）			筑摩書房『ちくま日本文学全集』
二〇〇七（平成一九）	『世界文学全集』刊行予定		

あとがき

『世界文学全集』を考えるとき、筆者には忘れられない記憶が二つある。

一つが、平凡社の『世界名作全集』の『罪と罰』である。この本は今は手許にないので奥付の確認のしようがないが、多分小学生の頃に買ったものだと思う。ドストエフスキーの名前などはまだ知らない。タイトルから推測して、テーマ設定の明快な寓話的なお話とでも思いこんだのであろう。子供の手にも相応しい文庫サイズの小型の本で、ちょっぴりお洒落な表紙にも心惹かれたものであろう。読み始めて、すぐに挫折した。難解というよりも、近づくのを拒絶するようなものを感じた記憶がある。今思い返してみると、文学の深い闇に気後れして、後ずさりしたのであるが、当時はただただはね返されたという思いであった。それでも、近づけない高い峰や深い森があることを知ったことは、収穫であっただろう、これも今思い返してであるが。

もう一つの記憶は、〈カラー版〉の『風と共に去りぬ』である。一介のサラリーマンであった父が、子供のわがままを容れて、乏しい給料の中から、このシリーズを購入してくれることとなった。大型のきれいな本を、町内の本屋さんが月に一回自転車で配達してくれるのが楽しみであった。この本を読んだのは、中学二年の夏休みのこと、読み始めたら止まらなくなった。手に余るような菊判の大型の重い本を握りしめて、何時間も読み続けた。扇風機しかない家の中で、汗を流しながら時間を忘れ、ふと気がつくと、表紙の金箔が取れ、手が金粉まみれになっていた。現実世界から作品の世界へと没入することを知った瞬間でもあった。以降、このシリーズは長く付き合う友人となる。月に一冊の配本だから、読んでしまうと、挟み込みのチラシまで何回も眼を通した。本書の遠い遠いきっかけである。

今に続いている映画館通いが始まったのもこの頃で、当時全盛期であったソビエト文芸映画などを中心に、〈カラー版〉で原作を読んでは映画館に通った。『戦争と平和』の人気の程は今でも語りぐさであるが、高校時代に見た『カラマーゾフの兄弟』などは、最後まで最後列で立ち見であった記憶がある。文学も映画も輝いていた時代を思うと、昔日の感がある。といっても〈カラー版〉一筋であったわけではない。ドストエフスキーの連想で記憶を辿ると、当初〈カラー版〉に入っていなかった『復活』を、〈グリーン版〉で買い求めたのは、高校一年生の頃だろうか。〈カラー版〉とは全く異なった落ち着いた造本、緑で統一された鮮やかな装丁、まぶしいほどの白い本文用紙など、強い印象を与えられた。衝撃的な出会いであったと言い換えても良い。〈カラー版〉が一緒に歩んだ友人なら、〈グリーン版〉は少し年長の知人といったところか。〈グリーン版〉という優れたシリーズに同時代人として立ち会えなかったことから、自分が遅れてきた世代であることを知らされた、少しほろ苦い記憶もある。

ここ数年、専門の平安文学の研究と並行して、戦後の『日本文学全集』の調査・研究を行っている。それらは分析が終わったものから順に活字にしているが、その過程で、本書のもととなった河出書房の『世界文学全集』についても、いくつかのものを公にしてきた。二〇〇四年春の日本出版学会春季大会の「河出書房グリーン版の誕生」や、二〇〇六年夏の福岡女子大学国文学会の講演「文学全集から見た河出事件の背景」、それらに基づいて活字化したものなどである。本書はこれらをもとにしているが、今回大幅に書き改めて、少なからぬ部分を増補した。いわば書き下ろしに近いものであるので、当該の章の末尾にもあえて初出を示さなかった。河出書房の『世界文学全集』の考察としては本書をもって定本としたい。

原稿をまとめている段階で、たいへん嬉しいニュースに接した。池澤夏樹さんの個人編集で、河出書房から、約二〇年ぶりに、新しい『世界文学全集』が刊行されるということである。本書で取り上げた各種の全集とは全く異なった内容になるらしいが、新しい時代に相応しい新しい全集の誕生を心より喜びたい。この全集が多くの読者を得て、新しい読者によって、三、四〇年後には、本書のような回想の記録ができることを夢想しながら筆を置く。

猶、今回も、和泉書院の廣橋研三さんのお世話になった。五〇歳を過ぎて、出版学会という新しい学会に身を投じて不安のあった頃、会員名簿に廣橋さんの名前を見つけてほっとした記憶がある。そういう縁（えにし）もあって、『大学図書館の挑戦』に続いて、和泉書院から本書を刊行できたのは、著者としても大きな喜びである。

平成十九年七月

田坂憲二

索　引

〈掲出項目のゴチックは口絵に書影を掲載〉

シリーズ名・出版社名索引

あ 行

か 行

さ 行

た　行

な　行

は　行

書名・作品名索引

さ 行

た 行

な 行

は 行

ま 行

や 行

ら 行

わ 行

人名索引

あ 行

な 行

は 行

ま行

や行

ら行

わ行

著者略歴

田坂　憲二（たさか　けんじ）

1952年福岡生まれ。九州大学大学院文学研究科博士課程中退。博士（文学）。現在福岡女子大学教授。
専門は日本古典文学、特に平安時代の文学。源氏物語古注釈に関する業績で、第14回日本古典文学会賞受賞。

主要著書
『源氏物語の人物と構想』（和泉書院）、『藤原義孝集本文・索引と研究』（共著、和泉書院）、『為頼集全釈』（共著、風間書房）、『大学図書館の挑戦』（和泉書院）。

所属学会
中古文学会、全国大学国語国文学会、日本文学協会、日本図書館協会、日本出版学会他。

文学全集の黄金時代　河出書房の1960年代　IZUMI BOOKS 15

2007年11月9日　初版第一刷発行©

著　者　田坂憲二

発行者　廣橋研三

発行所　和泉書院

〒543-0002　大阪市天王寺区上汐5－3－8
電話 06-6771-1467／振替 00970-8-15043
印刷・製本 シナノ／装丁 森本良成
ISBN978-4-7576-0439-1　C0300　定価はカバーに表示